ACHILLA PRESSE VERLAGSBUCHHANDLUNG
& VOICES EDITIONEN

WIE DIE ENGEL FLIEGEN

Autorinnen des 20. Jahrhunderts

Die Interpretinnen
Hannelore Elsner · Susanne Lothar
Hanna Schygulla

Konzept, Textauswahl und Regie
Wolfgang Stockmann

Musikalische Konzeption und Komposition
Vlatko Kucan

Musiker
Suzanne Coppens (cello)
Dirk-Achim Dhonau (perc) · Piet Hoeksma (guitars)
Vlatko Kucan (sax/cl) · Rajesh Mehta (tr)
Niklas Peter Wilson (bass)

Wie die Engel fliegen von Naja Marie Aidt
Übersetzt von Peter Urban-Halle, © Achilla Presse; Hamburg 1996
Löschung von Djuna Barnes, aus: **Leidenschaft, Neun Erzählungen**
Übersetzt von Karin Kersten © Verlag Klaus Wagenbach, Berlin 1986
Liebesbrief an meinen Vergewaltiger von Lisa Blaushild
Übersetzt von Irene Rumler. In: Elisabeth Texier (Hrsg.) **Schräge Gefühle**
© List Verlag, München 19
Die Ziege von Marieluise Fleißer, in: **Marieluise Fleißer**
© Suhrkamp Verlag, Frankfurt 1972
Spät nachts von Mascha Kaléko
© Verlag: Rowohlt Verlag GmbH, Reinbek bei Hamburg
Adam und Eva von Marie Luise Kaschnitz, in: **Das dicke Kind und andere Erzählungen**
© Scherpe Verlag, Krefeld 1952
Mein Drama von Else Lasker-Schüler, aus: **Sämtliche Gedichte**
© 1984 by Kösel Verlag, München
Alle Rechte vorbehalten durch Suhrkamp Verlag, Frankfurt am Main
Ein komplizierter Fall von Clarice Lispector, aus: **Wo warst du in der Nacht**
Übersetzt von Sarita Brandt. © Suhrkamp Verlag, Frankfurt am Main 1996
Der junge Mann von gegenüber von Milena Moser
© Rowohlt Verlag GmbH, Reinbek bei Hamburg
Der Walzer von Dorothy Parker, aus: **New Yorker Geschichten**
Übersetzt von Ursula-Maria Mössner. © 1994 by Haffmans Verlag AG, Zürich
Nachempfundenes Ertrinken, Die Berührung, Die zwölf tanzenden Prinzessinnen
von Anne Sexton. Übersetzt von Silvia Morawetz. Mit freundlicher Genehmigung
des S. Fischer Verlages, Frankfurt am Main 1997
Alle Abdruckrechte und Tonträgerrechte für diese Buchausgabe
© voices editionen GmbH & Co. 1998
© + Print voices editionen GmbH & Co. 1998 · Hohenesch 61 A · 22765 Hamburg
Alle Urheber- und Leistungsschutzrechte vorbehalten. Kein Verleih! Keine unerlaubte
Vervielfältigung, Vermietung, Aufführung, Sendung!

Aufgenommen im Tonstudio voices editionen GmbH & Co.

Buchgestaltung und Satz: Mirko Schädel, Achilla Presse
Verpackungskonzept & -gestaltung, Druck: Axel Stiehler, Achilla Presse
Achilla Presse Verlagsbuchhandlung GmbH
Zöllnerstr. 24 · 22761 Hamburg & Theresenstr. 8-10 · 28203 Bremen
ISBN 3-928398-50-4

WIE DIE ENGEL FLIEGEN

Autorinnen des 20. Jahrhunderts

EIN LITERATURPROJEKT VON VOICES EDITIONEN
UND DER ACHILLA PRESSE VERLAGSBUCHHANDLUNG

ACHILLA PRESSE VERLAGSBUCHHANDLUNG
UND VOICES EDITIONEN 1998

Die Texte in diesem Buch waren der Ausgangspunkt für ein Projekt, das in einer ersten Phase als Hörproduktion realisiert wurde. Bei der Auswahl der Texte war nicht das vorrangige Interesse, einen repräsentativen Überblick über die Literatur von Frauen dieses Jahrhunderts zu geben. Es galt, Ich-Erzählungen und Gedichte zu finden, die einerseits den drei Typen der Schauspielerinnen adäquat zuzuordnen sind und die andererseits verschiedene Themenkreise erschließen, die sich von Erzählung zu Erzählung fortsetzen oder sich gegeneinander kontrastieren lassen.

Alle Texte erzählen von Beziehungskonstellationen. Reflexionen eines Erzählenden Ichs über erlebte Begegnungen, z. B. **Die Löschung** von Djuna Barnes, oder distanzierte Beobachtungen in der Einsamkeit einer modernen Zivilisation, wie in **Der junge Mann von gegenüber** von Milena Moser. Mitteilungen über selbst erfahrene Situationen und Erlebnisse sind ein weiterer Aspekt, z. B. in der Erzählung **Wie die Engel fliegen** von Naja Marie Aidt. In der Erzählung **Ein komplizierter Fall** von Clarice Lispector steht das Erfinden von Wirklichkeit im Zentrum. **»Abgesehen von den Fakten, die ich erzähle, errate ich auch einiges, und was ich errate, schreibe ich hier auf. Ich errate die Wirklichkeit.«**

In diesem Sinne ist auch die Übersetzung der literarischen Vorlagen in das akustische Medium zu sehen. Die Interpretation der Schauspielerinnen läßt authentische Erzählerinnen entstehen: lebendig, individuell und direkt. Im Gegensatz zum Vorlesen verkörpern die Schauspielerinnen eine fiktive Figur, die sich unmittelbar an das zuhörende Publikum wendet.

Auf der klanglich-musikalischen Ebene werden Assoziationsräume kreiert, die atmosphärische Stimmungen eines Textes eröffnen. Musik und Klang werden auch selber zum erzählenden Element einer Geschichte und begleiten mit ihren inspirierenden Sprachformen die Sprecherinnen. So entsteht ein komplexes literarisch-musikalisches Hörstück, das die Zuhörerinnen und Zuhörer zu Ohrenzeugen einer spannenden literarischen Welt werden läßt.

Die Buchedition veranschaulicht das geschriebene Wort als Quelle der akustischen Vitalität der fiktiven Figuren. Sie gibt den Zuhörerinnen und Zuhörern Gelegenheit, ihre individuellen Phantasien, wie sie im Vorgang des Lesens assoziativ entstehen, der Hörproduktion gegenüberzustellen. Im persönlichen Leseerlebnis können sich wiederum eigene, neue Wirklichkeiten der Geschichten und Erzählungen formen.

Denjenigen, die Mithören und Mitlesen verbinden wollen, sollen die am Rand der Texte angeführten Zeitangaben, die sich auf die entsprechenden Stellen der jeweiligen CD-Titel beziehen, ein schnelles Auffinden der Stellen des Hörstückes erleichtern.

Hamburg, September 1998
Achilla Presse und voices editionen

Inhaltsverzeichnis

CD 1

CD 2

CD 3

Marie Luise Kaschnitz

Adam und Eva

Als Adam und Eva gezwungen wurden, das Paradies zu verlassen, ging es ihnen gewiß lange Zeit ziemlich schlecht. Wie man hört, waren die Tiere draußen unfreundlich, der Boden steinig und das Klima rauh. Adam und Eva hatten nichts gelernt als faulenzen, und die Arbeit fiel ihnen schwer. Kaum daß sie, wie man zu sagen pflegt, auf einen grünen Zweig gekommen waren, geschah das Unglück mit den beiden ältesten Söhnen, die sie schlecht erzogen hatten, so daß der selbstgefällige Abel nun unter dem Rasen lag, während der gewalttätige Kain irgendwo herumirrte und die Eltern sehen konnten, wie sie zurechtkamen ohne den Gärtner Abel und den Jäger Kain. Aber dann wuchsen ihnen neue Kinder heran und immer wieder neue, wenigstens stelle ich mir das so vor, und auch, daß Adam und Eva ziemlich alt wurden, ehe sie zu altern begannen. Um diese Zeit hatten sie gewiß längst ein Haus, und Eva ging nicht mehr in Schürzchen aus Palmblättern umher. Obwohl beide an den Garten Eden nur noch eine schwache Erinnerung hatten, ahmten sie doch nach, was sie einmal dort gesehen hatten, indem sie einen Brunnen gruben, der dem Wasser des Lebens glich, einen Garten pflanzten und einige Tiere zähmten, die sich auf dem umfriedeten Grundstück friedlich wie die Tiere des Paradieses benahmen. Dies alles war ganz unvollkommen, aber es machte Freude, daran zu arbeiten und abends umherzugehen und darüber nachzudenken, was sich noch tun ließ. Es machte soviel Freude, daß sie mit der Zeit ganz zufrieden wurden und Adam sich manchmal selbst ein bißchen so fühlte, als sei er der liebe Gott.

Es war darum eine große Erschütterung für ihn, 2.02 min als er eines Tages erfuhr, daß er sterben müßte. Nicht, daß er darüber eine bestimmte Nachricht erhalten hätte. Er sah nur eines Abends ein Tier seiner Herde tot umfallen, und da er sich selbst mit diesem großen, starken Leittier oft verglichen hatte, kam ihm mit einemmal der Gedanke, daß er in dieser Beziehung nicht mehr und nichts Besseres sei als ein Tier. Als er zu dieser Erkenntnis gekommen war, wurde er sich verschiedener Mängel bewußt, die er vorher nicht gekannt hatte, einer Schwäche der Augen, einer Unsicherheit der Hände, einer Trübung des Gehörs. Das ist der Tod, dachte er entsetzt, als an diesem Abend ein zerbrechlicher Gegenstand seiner Hand entglitt. Was hast du denn? fragte Eva, weil er wie versteinert dastand, während sie die Scherben zusammenlas.

3.07 min Diese Frage: was hast du denn? stellte Eva noch einige Male in der folgenden Zeit. Denn Adam begann sich in der Tat wunderlich zu benehmen. Es fing damit an, daß er nicht mehr schlief in der Nacht. Er wälzte sich bald auf die eine, bald auf die andere Seite oder lag auch still auf dem Rücken und starrte zur Decke hinauf. Er konnte nicht schlafen, weil er zuviel denken mußte, aber die Gedanken, die ihn wach hielten, waren keineswegs erhabene, an den Tod oder an Gott, vielmehr drehten sie sich mit gräßlicher Beharrlichkeit um kleine häusliche Mißstände, einen Fehler in der Bewässerungsanlage, eine schadhafte Stelle im Dach. Wenn die Nacht vorüber war und alle im Haus sich wieder an ihre Arbeit begaben, überfiel ihn dann eine schreckliche Müdigkeit, und es kam vor, daß er sich gleich nach dem Frühstück wieder hinlegen mußte und eine ganze Weile liegenblieb. Das war ihm selbst verwunderlich, aber noch viel erstaunlicher war die Empfindlichkeit, die er gegenüber den verschiedensten Geräuschen an den Tag zu legen begann. Das Bellen der Hunde machte ihn rasend, noch mehr das

Kreischen der Papageien und das alberne Geschrei der Affen, die in den Bäumen hinter dem Hause spielten und von denen er sich bald einbildete, daß sie ihn verfolgten und nur zu seinem Ärger ihren törichten Lärm vollführten. Die Kinder, und zwar noch mehr die halberwachsenen als die kleinen, erregten seinen Unmut auf Schritt und Tritt. Es fiel ihm plötzlich auf, daß sie gewisse idiotische Redewendungen beständig wiederholten und daß sie, ohne die geringste Rücksicht auf ihn zu nehmen, mit schallender Stimme ihre aufreizend stupiden Lieder sangen.

Schließlich bin ich der Vater, dachte er, und ein 5.08 min Mann, der einiges geleistet hat und dem es lange Zeit schlechtgegangen ist, ein Mann, der Anspruch darauf erheben kann, daß man ihn respektiert. Solche Gedanken waren neu, und neu war auch der Wunsch, der ihn jetzt von Zeit zu Zeit überkam, der Wunsch nämlich, sich zu entfernen aus einer Umgebung, in der man ihn so wenig achtete und seinen Worten so wenig Aufmerksamkeit zollte. Er ging ein paarmal fort in der Nacht, bald in dieser, bald in jener Richtung, und schließlich ertappte er sich dabei, daß er bei diesen Spaziergängen etwas ganz Bestimmtes suchte: nämlich die Mauer des Gartens Eden, auf die er im Anfang, also vor vielen Jahrzehnten, herumwandernd noch manchmal gestoßen war und auf der im roten Abendhimmel die Engelwachen gestanden hatten, sehr schön, mit ihren Wolkenflügeln aus schimmerndem Grau. Aber diese Mauer war nicht mehr da, und er hörte auch bald auf, sie zu suchen. Statt allein fortzugehen, machte er immer öfter die Runde durch sein Anwesen, betrachtete alles, was er gemacht hatte, und fand es schlecht genug. Er beobachtete auch seine Kinder und fand sie faul und leichtsinnig, unfähig, das Werk weiterzuführen, das er begonnen hatte und das zu vollenden ihm nicht Zeit genug blieb. Und dann versuchte er über dies alles mit Eva zu sprechen, aber Eva lachte nur, und er war von ihrer Gleichgültigkeit aufs tiefste gekränkt.

6.45 min In der folgenden Zeit fand er immer mehr Ursachen, mit seiner Frau unzufrieden zu sein. Denn wenn Eva auch im Anfang seiner Verdüsterung recht lieb und freundlich gewesen war und sich bemüht hatte, ihm ein wenig Ruhe zu verschaffen, so schien sie doch von Tag zu Tag weniger um ihn besorgt zu sein. Ihre Laune war ausgezeichnet, ihr Appetit vorzüglich, und obwohl sie nicht jünger war als Adam selbst, schlief sie, ohne auch nur ein einziges Mal aufzuwachen, die ganze Nacht. Wenn er sich über den Lärm beschwerte, machte sie ein erstauntes Gesicht, wenn er über das Wetter klagte, sagte sie: Es wird schon wieder besser werden, und mit dieser Redewendung, die ihm leichtfertig und frech erschien, schob sie seine Leiden und Ängste, das einzige, das er noch hatte, in das Reich lächerlicher Grillen, denen niemand Aufmerksamkeit schuldig ist. Es fehlte nicht viel, daß sie gesagt hätte: Ach sei doch still, wenigstens meinte Adam, dies herauszuhören, und auch einen kleinen Ärger über seine Mutlosigkeit, und dieses Unverständnis kränkte ihn tief. Natürlich konnte er trotzdem nicht schweigen, da ja das Sagenmüssen wie Rauch zum Feuer zu diesem inneren Brande gehört. Also sprach er weiter, sprach mit einer Stimme, die ihm selbst verhaßt war, weil sie so nörglerisch und griesgrämig klang. Er beklagte sich über die Sonne und den Regen, über das Unkraut und die Schädlinge und die Kinder, und Eva sagte in der ersten Zeit noch ein paarmal: Das ist doch nicht so arg, und dann sagte sie gar nichts mehr, und er hatte den Verdacht, sie höre ihm überhaupt nicht mehr zu.

Das ist gewiß schlimm für einen Mann, der einge- 8.43 min
sehen hat, daß sein Leben nicht ewig währt, und der
angesichts dieser Tatsache an dem Wert alles Ge-
leisteten zu zweifeln beginnt. Es war schlimm für
Adam, der jetzt umherging und alles, was er gemacht hatte, gering achtete und der aus seinen frü-
heren Leiden einen glühenden Anspruch sog. Aber
es erwies sich, daß dies noch längst nicht das Ärgste
war. Denn das Ärgste ist nicht die Gleichgültigkeit,
sondern der Verrat.

Man muß bedenken, daß Adam, der so vieles
kannte, so etwas in seinem Leben nie erfahren hatte.
Er war der einzige Mann, der für Eva in Frage kam,
da es neben ihm nur Söhne und Enkel gab. Zwar
war er früher, wenn Eva allein fortging und lange
ausblieb, manchmal ein wenig unruhig geworden.
Aber Eva war, wenn sie zurückkam, immer besonders strahlend und liebevoll gewesen, immer hatte
sie etwas Besonderes mitgebracht, ja, es schien ihm
jetzt, als habe er in seinem ganzen Leben nichts als
Liebe und Freundlichkeit von ihr erfahren. Aber in
dem Augenblick, in dem er sich seines Glückes bewußt wurde, war es mit diesem Glück auch schon
vorbei. Denn wenn er bisher niemals in Evas Augen
einen verräterischen Glanz gesehen hatte, wenn Eva
sich niemals von ihm abgewendet hatte, um ihr Ohr
einer anderen Stimme zu leihen: Jetzt erfuhr er dies
alles, alle Qualen der Eifersucht, nur daß kein
Liebhaber, sondern ein Phantom sein Nebenbuhler
war, kein Mann, mit dem er hätte kämpfen können,
sondern das Traumbild der Jugend und des Lebens
·schlechthin.

Denn er sah es wohl, der Jugend und dem Leben 10.36 min
neigte sich Eva zu. Mit einemmal gewahrte er sie auf
der Seite der Kinder, ach, nicht mit Worten, aber
mit mancher geheimen Zärtlichkeit, manchem ver-

traulich wiedergutmachenden Blick. Als Adam den ersten dieser Blicke auffing, zuckte er mißtrauisch, horchte und schlich im Hause umher. Einmal, als er sich Eva gegenüber über die stechende Sonne beklagte, bemerkte er, wie sie ihr Gesicht und ihre Arme dieser Sonne entgegenhob, als sei gerade das, was ihn quälte, ihr eine Quelle der Lust. Durch solche Beobachtungen wuchs das Gefühl der Verlassenheit in ihm immer mehr. Er erinnerte sich der Zeiten, in denen Eva und er noch allein gewesen waren, und wie sie da, furchtbar allein und aufeinander angewiesen, sich geschworen hatten, einander niemals zu verlassen. Jetzt war Eva noch immer an seiner Seite, sie war nicht fortgegangen, aber es kam ihm vor, als entferne sie sich dennoch, ein wenig weiter mit jedem Tag. In seinem schrecklichen Mißtrauen zeichnete Adam jede Station dieser Entfernung getreulich auf. Er glaubte zu bemerken, wie bei seinen Worten eine leise Ungeduld über Evas Züge glitt. Wenn er ein längeres Ausbleiben ankündigte, meinte er, auf ihren Lippen ein Lächeln der Erleichterung zu sehen, und wenn er dann fortging, bildete er sich ein, daß ihre Stimme, die er aus der Ferne noch hörte, froher und heiterer klang. Einmal, als sie bei der Abendmahlzeit saßen, faßte er sie ins Auge und stellte fest, daß ihre Haut schlaff wurde und ihre Haare sich zu verfärben begannen. Er bemerkte auch, daß sie Schmerzen in den Gliedern hatte und sich nicht mehr so frei und anmutig bewegte wie vorher. Sie ist nicht jünger als ich, dachte er, aber sie tut, als habe sie unbegrenzte Zeit vor sich, ewige Zeit. Und dann dachte er plötzlich, sie weiß nichts, sie weiß es nicht, und er war über ihre Dummheit empört.

13.14 min   Nach dem Essen ging Eva noch auf den Hof hinaus, um das Spielzeug der kleinen Kinder zusammenzusuchen. Adam ging ihr nach und blieb bei ihr stehen und sah sie flehend an. Werde mit mir alt, wollte er sagen, werde mit mir alt. Aber natürlich brachte er diese Worte nicht über die Lippen, sondern begann sich statt dessen über die Mücken zu beklagen in einem wilden und verzweifelten Ton. Was du nur immer hast, sagte Eva, und sah ihn kopfschüttelnd an.

In dieser Nacht beschloß Adam, Eva zu sagen, daß sie sterben müsse. Vielleicht hätte er es nicht getan, wenn nicht der Mondschein so hell im Zimmer und gerade auf Evas Gesicht gelegen hätte und wenn dieses Gesicht nicht so voll von Lebensentzücken gelächelt hätte im Schlaf. Aber dieser Anblick rief in Adam, der schon viele Stunden schlaflos gewesen war, eine dunkle Rachsucht hervor. Er weckte Eva auf, und Eva rieb sich die Augen und fragte, ob etwas mit den Kindern sei. Wir müssen sterben, sagte Adam, und es war ihm zumute, als beginge er einen Mord. Große Neuigkeit, sagte Eva spöttisch. Das weiß ich schon lang. Hast du dir keine Gedanken gemacht? fragte Adam, sobald er sich von seiner Überraschung erholt hatte. Was wir hier zurücklassen, ist unfertig und keinen Pfifferling wert.

Jemand wird es schon fertig machen, sagte Eva.

Die Kinder, sagte Adam streng, sind träge und leichtsinnig. Sie wissen nicht, was arbeiten heißt, und werden elend zugrunde gehen.

Es wird schon noch etwas aus ihnen werden, sagte Eva.

Und was wird aus uns? fragte Adam und stützte seinen Kopf auf die Hand.

Wir bleiben zusammen, sagte Eva. Wir gehen zurück in den Garten. Und sie legte ihre Arme um Adams Hals und sah ihn liebevoll an.

Ist er denn noch da? fragte Adam erstaunt.

Gewiß, sagte Eva.

Wie willst du das wissen? fragte Adam mürrisch.

Woher meinst du, fragte Eva, daß ich die Reben hatte, die ich dir gebracht habe, und woher meinst du, daß ich die Zwiebel der Feuerlilie hatte, und woher meinst du, hatte ich den schönen funkelnden Stein?

Woher hattest du das alles? fragte Adam.

Die Engel, sagte Eva, haben es mir über die Mauer geworfen. Wenn wir kommen, rufe ich die Engel, und dann öffnen sie mir das Tor.

Adam schüttelte langsam den Kopf, weil eine ferne und dunkle Erinnerung ihn überkam. Gerade dir, sagte er. Aber dann fing er an zu lachen, laut und herzlich, zum erstenmal, seit ach wie langer Zeit.

Clarice Lispector
Ein komplizierter Fall
Deutsch von Sarita Brandt

Ja, so ist das eben.

Deren Vater der Geliebte war, mit seiner Krawattennadel, der Geliebte der Frau des Arztes, der die Tochter behandelte, das heißt, die Tochter des Geliebten, und alle wußten es, und die Frau des Arztes hängte ein weißes Tischtuch aus dem Fenster, was bedeutete, der Geliebte konnte hereinkommen, oder aber ein farbiges Tuch und er kam nicht herein.

Aber ich bin schon ganz durcheinander, aber es ist der Fall, der so verwickelt ist, daß ich ihn abwickeln werde, wenn ich kann. Die wirklichen Ereignisse darin sind erfunden. Ich bitte um Entschuldigung, denn abgesehen von den Fakten, die ich erzähle, errate ich auch einiges, und was ich errate, schreibe ich hier auf. Ich errate die Wirklichkeit. Aber diese Geschichte stammt nicht von mir. Sie ist die Ausbeute eines, der mehr kann als ich.

Also diese Tochter hatte ein abgestorbenes Bein, und sie mußten es amputieren. Diese Jandira, siebzehn Jahre alt, feurig wie ein junges Füllen und mit wunderbarem Haar, war verlobt. Kaum hatte der Verlobte die Gestalt gesehen, die mit Krücken und voller Freude auf ihn zukam, mit einer Freude, die er nicht als Leidenschaft erkannte, ja, da fiel ihm nichts Besseres ein, als all seinen Mut zusammenzunehmen und die Verlobung schlicht und ohne Gewissensbisse zu lösen, eine Verstümmelte wolle er nicht haben. Alle, einschließlich der leidenden Mutter des Mädchens, flehten ihn an, doch wenigstens so zu tun, als liebe er sie noch, was – so versicherten sie ihm – ja nicht so schlimm sei, da nur kurzfristig vonnöten: Das Leben seiner Verlobten sei nur noch von kurzer Dauer.

Nachdem drei Monate ins Land gegangen waren, als erfüllte sie das Versprechen, den schwachsinni-

1.10 min

gen Verlobten nicht weiter zu belasten, nach drei Monaten also starb sie, wunderschön, mit ihrem prächtigen Haar, untröstlich, sich nach dem Verlobten sehnend und angesichts des Todes erschrocken wie ein Kind, das Angst vor dem Dunkeln hat: Der Tod ist von tiefer Dunkelheit. Oder vielleicht auch nicht, ich weiß nicht, wie er ist, ich bin ja noch nicht gestorben, und danach werde ich es nicht mehr erfahren, aber vielleicht ist er doch nicht ganz so dunkel. Der Tod, meine ich.

3.06 min   Der Verlobte, den man bei seinem Familiennamen, Bastos, rief, wohnte, wie es schien, in der Zeit, als seine Verlobte noch lebte, bei einer Frau. Ohne viel Aufhebens blieb er bei ihr wohnen.

Nun gut. Eines schönen Tages wurde die Frau eifersüchtig. Und alles ausgefeilt bis ins letzte, wie in den Theaterstücken von Nelson Rodrigues, der nicht an grausamen Einzelheiten spart. Doch wo war ich stehengeblieben, habe ich den Faden verloren? Also alles noch mal von vorne, in einer frischen Zeile und einem neuen Absatz, damit es besser klappt.

Also gut. Die Frau wurde eifersüchtig, und während Bastos schlief, goß sie ihm mit dem Teekessel kochendes Wasser ins Ohr, kaum daß ihm die Zeit blieb zu brüllen wie am Spieß, bevor er in Ohnmacht fiel, ein Brüllen, das wir uns ausmalen können, es war das Schrecklichste, das es gibt. Bastos wurde ins Krankenhaus gebracht und schwebte zwischen Leben und Tod, dieser in wildem Kampf mit jenem.

4:30 min   Das eifersüchtige Weib bekam ein Jahr und ein paar Monate Zuchthaus. Am Tag ihrer Entlassung traf sie sich, ratet mal, mit wem? – ja, richtig, sie traf sich mit Bastos. Mittlerweile natürlich ein etwas angeschlagener Bastos, für immer taub, ausgerechnet er, der körperliche Gebrechen nicht ertragen konnte.

Und was geschah? Sie taten sich wieder zusammen, ewige Liebe.

Inzwischen war das siebzehnjährige Mädchen schon lange tot, nur bei ihrer Mutter waren die Narben noch nicht verheilt. Und wenn mir hier wieder unvermittelt das Mädchen einfällt, dann wegen der Liebe, die ich empfinde.

Und hier kommt, wie einer, der mit alldem nichts zu tun hat, der Vater ins Spiel. Er hielt das Verhältnis zu der Frau des Arztes, der seine Tochter, seine, d. h. die Tochter des Geliebten, so ergeben behandelt hatte, noch immer aufrecht. Und alle wußten es, der Arzt sowie die Mutter der ehemaligen Verlobten. Ich glaube, ich habe schon wieder den Faden verloren, es geht durcheinander, aber was kann ich dafür?

Obwohl der Arzt wußte, daß der Vater des Mädchens der Liebhaber seiner Frau war, hatte er sich rührend um die kleine Verlobte gekümmert, die solche Angst vor dem Dunkeln hatte, wie ich gesagt habe. Die Ehefrau des Vaters, also die Mutter der kleinen Ex-Verlobten, war im Bilde über die galanten Seitensprünge ihres Mannes, der eine goldene Uhr und einen echten Ring sowie eine Krawattennadel mit einem Brillanten trug, ein wohlhabender Kaufmann, wie man zu sagen pflegte, denn die Leute respektieren und grüßen devot die Reichen, die Erfolgreichen, ist doch klar? Er, der Vater des Mädchens, in einem grünen Anzug und einem Hemd mit feinen rosa Streifen. Woher ich das weiß? Ach, einfach so, wie man etwas mit seiner Vorstellungskraft erraten kann. Ich errate es eben, und damit basta.

Aber noch etwas darf ich nicht vergessen. Folgendes: Der Liebhaber hatte vorne einen kostbaren

Goldzahn. Und er roch nach Knoblauch, all seine Ausdünstungen waren der reinste Knoblauch, der Geliebten machte das nichts aus, sie wollte einen Liebhaber, mit oder ohne Küchendüfte. Woher ich das weiß? Ach, einfach so.

Ich weiß nicht, was aus diesen Menschen geworden ist, ich habe nichts mehr von ihnen gehört. Ob sie noch zusammen sind? Schwer zu sagen, die Geschichte ist schon alt, vielleicht ist der eine oder andere von ihnen bereits gestorben.

8:23 min Ich füge noch eine wichtige Tatsache hinzu, die irgendwie die verdammte Entstehung der ganzen Geschichte erklärt: Sie hat sich in Niterói zugetragen, dieser Stadt mit den ständig feuchten und dunklen Planken am Kai und den Fähren, die ankommen und abfahren. Niterói ist ein mysteriöser Ort mit alten, schwarz gewordenen Häusern. Ob es möglich ist, daß dort kochendes Wasser in das Ohr eines Liebhabers gegossen wird? Keine Ahnung.

Was soll ich nun mit dieser Geschichte anfangen? Das weiß ich auch nicht. Ich schenke sie dem erstbesten, der sie haben will, denn ich habe sie satt. Verdammt satt sogar. Manchmal wird mir von den Menschen schlecht. Dann geht es vorbei, und ich bin wieder voll brennender Neugier und Interesse.

So, das wär's.

Dorothy Parker
Der Walzer
Deutsch von Ursula-Maria Mössner

h, vielen Dank. Schrecklich gern. Ich will nicht mit ihm tanzen. Ich will mit niemandem tanzen. Und selbst wenn ich es wollte, dann nicht mit dem. Der wäre ziemlich weit unten auf der Liste der letzten zehn. Ich habe gesehen, wie der tanzt; es sieht aus wie etwas, das man in der Walpurgisnacht treibt. Wenn man sich vorstellt, daß ich vor nicht einmal einer Viertelstunde hier saß und zutiefst das arme Mädchen bedauerte, mit dem er tanzte. Und jetzt soll ich das arme Mädchen sein. Tja, ja. Die Welt ist doch klein!

Und wie toll die Welt ist. Eine wahre Wucht. Ihre Ereignisse sind doch so faszinierend unvorhersagbar. Da war ich, kümmerte mich um meine eigenen Angelegenheiten, ohne irgendeiner Menschenseele auch nur das Geringste zuleide zu tun. Und dann tritt der da in mein Leben, ganz Lächeln und Großstadtmanieren, um sich von mir die Gunst einer unvergeßlichen Mazurka gewähren zu lassen. Und dabei kennt er kaum meinen Namen, geschweige denn, wofür er steht. Er steht für VERZWEIFLUNG, BESTÜRZUNG, SINNLOSIGKEIT, ERNIEDRIGUNG und VORSÄTZLICHEN MORD, aber davon hat der da keinen blassen Schimmer. Ich habe auch keinen blassen Schimmer, wie sein Name ist; ich habe keine Ahnung, wie er heißt. Ich würde auf Kretin tippen, so wie der dreinschaut. Wie geht es Ihnen, Herr Kretin? Und was macht Ihr reizender kleiner Bruder, der mit den beiden Köpfen?

Ach, warum mußte er ausgerechnet zu mir kommen mit seinem niedrigen Ansinnen? Warum kann er mich nicht in Frieden lassen? Ich verlange doch so wenig – nur allein gelassen zu werden in meiner stillen Tischecke, den ganzen Abend über all mei-

1:05 min

nem stummen Gram hingegeben. Und da muß der daherkommen, mit seinen Verbeugungen und Kratzfüßen und seinen Darf-ich-um-diesen-bitten. Und ich mußte hingehen und ihm sagen, daß ich schrecklich gern mit ihm tanze. Ich kann nicht begreifen, weshalb ich nicht auf der Stelle tot umgefallen bin. Jawohl, und tot umfallen wäre die reinste Landpartie im Vergleich dazu, mit diesem Knaben einen Tanz durchzustehen. Alle am Tisch waren aufgestanden, um zu tanzen, außer ihm und mir. Da saß ich, in der Falle. In einer Falle gefangen wie eine Falle in einer Falle.

1:28 min Was kann man denn sagen, wenn einen einer zum Tanzen auffordert? Ich werde ganz bestimmt nicht mit Ihnen tanzen, und wenn der Teufel auf Stelzen kommt: Tja, vielen Dank, das würde ich furchtbar gern, aber ich liege gerade in den Wehen. O ja, lassen Sie uns unbedingt miteinander tanzen – es ist so nett, einen Mann kennenzulernen, der keinen Bammel vor einer Ansteckung mit meiner Beriberi hat. Nein. Mir blieb doch gar nichts anderes übrig, als schrecklich gern zu sagen. Na schön, bringen wir es hinter uns. Auf geht's, schneller Bomber, hinaus aufs Spielfeld. Du hast den Anstoß gewonnen; du kannst führen.

Tja, ich glaube, es ist eigentlich eher ein Walzer. Oder nicht? Wir könnten ja mal einen Moment der Musik zuhören. Sollen wir? O ja, es ist ein Walzer. Ob mir das etwas ausmacht? Aber nein, ich bin ganz begeistert. Ich würde liebend gern mit Ihnen Walzer tanzen.

Ich würde liebend gern mit Ihnen Walzer tanzen. Ich würde liebend gern mit Ihnen Walzer tanzen. Ich würde mir liebend gern die Mandeln rausnehmen lassen. Ich wäre liebend gern mitten in der Nacht in einem brennenden Schiff auf hoher See.

Jetzt ist es sowieso zu spät. Wir nehmen allmählich Fahrt auf. Oh. Oje Oje, oje. Oh, das ist ja noch schlimmer, als ich es mir vorgestellt habe. Das ist wohl auch das einzige stets verläßliche Naturgesetz – alles ist immer schlimmer, als man sich's vorgestellt hat. Oh, wenn ich einen Begriff davon gehabt hätte, wie dieser Tanz wirklich sein würde, hätte ich darauf bestanden, diese Runde auszusetzen. Na, letzten Endes wird es wohl aufs gleiche hinauslaufen. Wir werden uns gleich auf den Boden setzen, wenn der so weitermacht.

Ich bin so froh, daß ich seine Aufmerksamkeit 2:42 min darauf gelenkt habe, daß sie jetzt einen Walzer spielen. Weiß der Himmel, was passiert wäre, wenn er gedacht hätte, es sei etwas Schnelles; wir wären glatt durch die Seitenwände des Gebäudes geschossen. Warum will er dauernd irgendwohin, wo er nicht ist? Warum können wir nicht mal lange genug an einem Ort bleiben, um uns zu akklimatisieren? Es ist dieses ständige Hetzen, Hetzen, Hetzen, was der Fluch des amerikanischen Lebens ist. Das ist der Grund, weshalb wir alle so – autsch! Um Gottes willen, nicht treten, du Idiot; das Spiel hat doch erst angefangen. Oh, mein Schienbein. Mein armes, armes Schienbein, das ich schon als kleines Mädchen hatte.

O nein, nein, nein. Du liebe Güte, nein. Es hat 3:06 min überhaupt kein bißchen weh getan. Und außerdem war es meine Schuld. Das war es wirklich. Ehrlich. Ach, Sie sagen das doch nur aus purer Höflichkeit. Es war wirklich ganz allein meine Schuld.

Ich frage mich, was ich machen soll – ihn auf der Stelle umbringen, mit meinen bloßen Händen, oder abwarten, bis er von selbst ermattet. Vielleicht ist es das beste, keine Szene zu machen. Ich glaube, ich halte mich schlicht und einfach zurück und sehe zu, bis ihm das Tempo den Rest gibt. Er kann das ja nicht ewig durchhalten – er ist auch nur aus Fleisch und Blut. Sterben muß er, und sterben wird er für das, was er mir angetan. Ich will ja nicht überempfindlich sein, aber das macht mir niemand weis, daß dieser Tritt nicht vorbedacht war. Freud sagt, es gibt keine Zufälle. Ich habe kein zurückgezogenes Leben geführt, ich habe schon Tanzpartner erlebt, die mir die Schuhe zertrampelt und das Kleid zerfetzt haben; aber wenn es ans Treten geht, dann bin ich die GESCHÄNDETE WEIBLICHKEIT in Person. Wenn du mir gegen das Schienbein trittst, *lächele.*

Vielleicht hat er es gar nicht böswillig getan. Vielleicht ist das nur seine Art, seine gehobene Stimmung zu zeigen. Vermutlich sollte ich froh sein, daß sich wenigstens einer von uns so glänzend amüsiert. Vermutlich sollte ich mich glücklich preisen, wenn er mich lebend zurückbringt. Vielleicht ist es pingelig, von einem praktisch Unbekannten zu verlangen, daß er einem die Schienbeine so läßt, wie er sie vorgefunden hat. Schließlich tut der arme Knabe ja nur sein Bestes. Wahrscheinlich ist er hinter dem Mond aufgewachsen und hat nie keine Bülding nicht gehabt. Ich wette, sie mußten ihn auf den Rücken werfen, um ihm die Schuhe anzuziehen.

4:58 min Ja, toll, nicht wahr? Einfach toll. Das ist ein toller Walzer. Nicht wahr? Oh, ich finde ihn auch toll.

Na, ich werde von diesem vielseitigen Stürmertalent ja geradezu angezogen. Er ist mein Held. Er hat das Herz eines Löwen und die Sehnen eines Büffels. Seht ihn euch an – nie der geringste Gedanke an die Folgen, nie die geringste Angst um sein Gesicht, wirft sich in jedes Getümmel, mit glänzenden Augen, mit glühenden Wangen. Und soll etwa geschrieben stehen, daß ich zauderte? Nein und tausendmal nein. Was bedeuten mir schon die nächsten Jahre in einem Gipsverband? Komm schon, Muskelprotz, mittendurch! Wer will schon ewig leben?

Oh. Oje. Oh, er ist in Ordnung, dem Himmel sei Dank. Eine Zeitlang dachte ich, sie müßten ihn vom Spielfeld tragen. Ach, ich könnte es nicht verwinden, wenn ihm etwas passieren würde. Ich liebe ihn. Ich liebe ihn mehr als jeden anderen auf der Welt. Seht euch den Elan an, den er in einen öden, banalen Walzer legt; wie verweichlicht die anderen Kämpfer neben ihm wirken. Er ist Jugend und Energie und Kühnheit, er ist Stärke und Frohsinn und – autsch! Von meinem Spann runter, du ungeschlachter Trottel! Wofür hältst du mich eigentlich – eine Laufplanke? Autsch!

Nein, natürlich hat es nicht weh getan. Aber kein bißchen. Ehrlich. Und es war allein meine Schuld. Wissen Sie, dieser kleine Schritt von Ihnen – der ist zwar absolut toll, aber am Anfang ist er eben ein klein bißchen tückisch nachzumachen. Oh, den haben Sie sich selbst ausgedacht? Wirklich? Also Sie sind ja ganz erstaunlich! Oh, ich glaube, jetzt hab' ich's, O, ich finde ihn toll. Ich habe Ihnen dabei zugesehen, als Sie vorhin getanzt haben. Er ist ungeheuer wirkungsvoll, wenn man zuschaut.

Er ist ungeheuer wirkungsvoll, wenn man zuschaut! Ich wette, ich bin ungeheuer wirkungsvoll, wenn man mir zuschaut. Die Haare hängen mir ins Gesicht, mein Rock wickelt sich um mich herum, ich kann den kalten Schweiß auf meiner Stirn fühlen. Ich muß aussehen wie etwas aus dem »Untergang des Hauses Usher«. So etwas setzt einer Frau meines Alters entsetzlich zu. Und er hat sich diesen kleinen Schritt selbst ausgedacht, der mit seiner degenerierten Verschlagenheit. Und am Anfang war er ein klein bißchen tückisch, aber jetzt, glaub' ich, hab' ich's. Zweimal Stolpern, Schliddern und ein Zwanzig-Meter-Sprint; genau. Ich hab's. Ich hab' auch noch ein paar andere Dinge, darunter ein zersplittertes Schienbein und ein verbittertes Herz. Ich hasse diese Kreatur, an die ich gefesselt bin. Ich haßte ihn schon in dem Moment, als ich seine lüsterne, brutale Visage sah. Und nun bin ich die ganzen fünfunddreißig Jahre, die dieser Walzer schon dauert, in seiner verruchten Umarmung gefangen. Hört das Orchester denn nie zu spielen auf? Oder muß diese obszöne Travestie eines Tanzes bis zum Sankt-Nimmerleins-Tag weitergehen?

6:35 min Oh, sie spielen noch eine Zugabe. Oh, fein. Oh, das ist toll. Müde? Ich bin überhaupt nicht müde. Ich würde am liebsten endlos so weitermachen.

Ich bin überhaupt nicht müde. Ich bin nur tot, das ist alles. Tot, und wofür? Und die Musik wird nie zu spielen aufhören, und wir werden so weitermachen, Affenzahn-Charlie und ich, bis in alle Ewigkeit. Vermutlich wird es mir nach den ersten hunderttausend Jahren nichts mehr ausmachen. Vermutlich wird dann nichts mehr zählen, weder Hitze noch Schmerz, noch gebrochenes Herz, noch gnadenlose, quälende Müdigkeit. Na ja. Mir kann es nicht früh genug soweit sein.

Ich frage mich, warum ich ihm nicht gesagt habe, daß ich müde bin. Ich frage mich, warum ich nicht vorgeschlagen habe, an den Tisch zurückzugehen. Ich hätte anregen können, daß wir einfach der Musik zuhören. Ja, und wenn er eingewilligt hätte, dann wäre es das erste Quentchen Beachtung gewesen, das er ihr den ganzen Abend geschenkt hat. George Jean Nathan hat gesagt, die herrlichen Rhythmen des Walzers sollten schweigend angehört werden und nicht von sonderbaren Verrenkungen des menschlichen Körpers begleitet sein. Ich glaube, das hat er gesagt. Ich glaube, es war George Jean Nathan. Aber ganz egal, was er gesagt hat und wer er war und was er heute treibt, er ist besser dran als ich. Das steht fest. Jeder, der nicht mit diesem wild-gewordenen Trampeltier tanzt, das ich da habe, ist fein raus.

Aber wenn wir wieder am Tisch wären, dann 7:09 min müßte ich wahrscheinlich mit ihm reden. Seht ihn euch an – was könnte man schon zu so einem Typ sagen! Sind Sie dieses Jahr in den Zirkus gegangen, welches Eis essen Sie am liebsten, wie buchstabieren Sie Hund? Ich denke, ich bin hier genausogut dran. So gut dran jedenfalls wie in einer auf Hochtouren laufenden Betonmischmaschine.

Ich bin jetzt jenseits von guten und bösen Gefüh-len. Wenn er mir auf den Fuß tritt, merke ich es nur noch am Geräusch der splitternden Knochen. Und alle Ereignisse meines Lebens ziehen vor meinen Augen vorbei. Da war die Zeit, als ich in der Karibik in einen Hurrikan geriet, da war der Tag, als ich mir bei dem Taxizusammenstoß den Kopf zerschmetter-te, da war der Abend, als das betrunkene Frauen-zimmer ihrer einzigen wahren Liebe einen bronze-nen Aschenbecher nachwarf und mich erwischte, da war der Sommer, in dem das Segelboot dauernd kenterte. Ach, was für ein unbeschwertes, friedvolles Dasein mir doch beschieden war, ehe ich mich mit diesem Sausewind da einließ. Ich wußte nicht, was Sorgen sind, bevor ich zu diesem danse macabre eingezogen wurde. Ich glaube, mein Verstand be-ginnt sich zu verirren. Das kann natürlich nicht sein; das könnte nie, niemals der Fall sein. Und doch in meinen Ohren eine Stille wie von Engelszungen ...

Oh, sie haben aufgehört, wie gemein von ihnen. 8:13 min Sie haben für heute Schluß gemacht. Oh, verflixt.

Oh, glauben Sie, daß sie das tun würden? Glauben Sie das wirklich, wenn Sie ihnen zwanzig Dollar geben würden? Oh, das wäre toll. Und hören Sie, sagen Sie ihnen doch bitte, daß sie das gleiche Stück spielen sollen. Ich würde einfach schrecklich gerne weiter Walzer tanzen.

Else Lasker-Schüler
Mein Drama

Mein Drama

Mit allen duftsüßen Scharlachblumen
Hat er mich gelockt,
Keine Nacht mehr hielt ich es im engen Zimmer aus,
Liebeskrumen stahl ich mir vor seinem Haus
Und sog mein Leben, ihn ersehnen, aus.
Es weint ein blasser Engel leis' in mir
Versteckt - ich glaube tief in meiner Seele,
     Er fürchtet sich vor mir.
Im wilden Wetter sah ich mein Gesicht!
Ich weiß nicht, wo, vielleicht im dunklen Blitz,
Mein Auge stand wie Winternacht im Antlitz,
Nie sah ich grimmigeres Leid.
... Mit allen duftsüßen Scharlachblumen
     Hat er mich gelockt,
Es regt sich wieder weh in meiner Seele
Und leitet mich durch all' Erinnern weit.
Sei still, mein wilder Engel mein,
     Gott weine nicht
     Und schweige von dem Leid,
Mein Schmerzen soll sich nicht entladen,
Keinen Glauben hab' ich mehr an Weib und Mann,
Den Faden, der mich hielt mit allem Leben,
Hab' ich der Welt zurückgegeben
     Freiwillig!
Aus allen Sphinxgesteinen wird mein Leiden brennen,
Um alles Blühen lohen, wie ein dunkler Bann.
Ich sehne mich nach meiner blind verstoß'nen Einsamkeit,
Trostsuchend, wie mein Kind, sie zu umfassen,
Lernte meinen Leib, mein Herzblut und ihn hassen,
     Nie so das Evablut kennen
     Wie in Dir, Mann!

Marieluise Fleißer
Die Ziege

a war einmal eine Ziege, das heißt soviel wie ein einzelnes Mädchen, neben dem kein Mann mit der wirklichen Liebe steht. Sie wurde natürlich von Männern gekannt und bemerkt, sonst wäre sie ja bloß ein einsames Mädchen und keine Ziege gewesen. Diese tritt nur neben Männern auf, ihr alle habt sie schon einmal laufen sehn. Sie kann sogar unberührt sein, aber sie wird nicht dafür gehalten. Denn in den Männern ist eine Sucht, Personen, mit denen sie umgehn, herabzusetzen, auf diese leichte Art hebt man sich selber hinauf. Und sie ist eine Ziege, das heißt nicht so selbstsicher, wie sie sein sollte, man bemerkt ihren Atem.

Eine falsche Erziehung hing ihr wohl nach. Sie 0:52 mi war in Verhältnisse geschleudert worden, mit denen sie nicht umzugehen verstand. Sie hatte es noch nicht gelernt, sich zu wehren. Sie vermochte noch nicht aus sich herauszustellen, was drinnen war, die Lippe war ihr nicht gelöst. Vor lauter Angst, daß sie es nicht richtig machen könnte, war sie ein wenig fahrig.

Sie hatte ja eine Scheu vor dem eigenen hörbaren Atem in sich entwickelt. Um so mehr fiel er anderen auf, und alles wirkte an ihr wie ein unbedachtes intimes Wesen. Wie die anderen hätte sie es versuchen müssen, dem lieben Nächsten auf den Kopf zu steigen. Statt dessen versah sie sich daran. Das ließ ihn seine Macht erkennen. So ahnungslos war sie im Dschungel. Sie dachte die Wahrheit wie ein Kind.

Da tauchte einer auf und kratzte mit den Augen 1:55 min an ihr herum wie mit Bimsstein und hatte neulich die »Gebrüder Karamasow« gelesen. An diesem merkte sie mit einem harten Stoß, wie fremd er ihr war, und sie wollte es ändern. Machte er es mit dem Gang oder wie er den Hals hielt, von ihm ging was aus. Sie sah ihm momentan ins Gesicht, wie wenn da eine Gnade sein müsse.

Wie sollten zwei zusammenkommen, wenn sie ihn mit Herr und einem Namen anreden mußte? Sie hatte kein wesentliches Auftreten, das ihren Nächsten bestimmt erfaßte, sie war ein wenig verhuscht. Von ihr ging was Auffälliges, aber keine Gewalt aus.

Aber sie kamen zusammen. Da mußte doch was nicht stimmen, wenn es gar so leicht ging. Sie wurde hellsichtig an ihm. Auf einmal lächelte sie in den Wind und hatte das Empfinden, als ob sie das Gras wachsen hörte. Wenn ich das einmal weiß, dachte sie, bin ich ganz.

3:11 min Sie war niemals ganz. Der Richtige war es wohl nicht gewesen. Was hatte sie wirklich davon, wenn sie mit ihm ging und ihre Zeit vertat? Sie konnte dabei nur verlieren. Wäre sie früher in sein Leben getreten, derselbe Mensch hätte für sie vielleicht mehr werden können.

Doch war zu dieser Zeit von ihm schon viel Wasser abgelaufen. Er hatte Personen krepieren gesehn, als wären sie nichts. Das machte ihn zynisch. Er gab nicht mehr soviel auf die Bindungen und auf die Verantwortung unter den Menschen. Jeder für sich und dann lang gar nichts, das war sein Leitsatz geworden.

Er merkte nicht einmal, wie verheerend er auf sie wirkte. Er brachte ja Haltlosigkeit bei momentaner Verschwendung für einen jeden ohne Ausnahme mit. Man konnte ihn begleiten, man durfte sich nicht auf ihn verlassen. Wie Sand rann er einem davon unter dem Fuß. Er hielt es für sein gutes Recht, daß er allen entschlüpfte.

4:23 min Was war in wenig Jahren für eine Verhärtung aus ihm geworden, was für ein Wittern nach abenteuerndem Wind! Er hängte seine Nerven nicht länger an die Begleitperson hin. Er konnte wen immer wann immer verlassen. Er suchte, was neu war. Er spielte mit dem Gedanken, sich abzusetzen aus diesem Land. Sie konnte bloß noch an ihm zerren und plötzlich erschrocken die Hände wegnehmen. Sein wahres Gesicht hatte sie dann geblendet. In diesen Kerl wie ein Baum hatte sie einmal alle Gnade hineingesehen.

So waren Menschen, wenn sie wie fremd auseinandergingen. Wie man sich nur aus Ungeduld vom Nächsten so in sein eigenes Leben hineingreifen lassen kann! Sie war wieder da, wo andere anfingen. Nicht, daß sie nicht zugelernt hatte. Ein Gewaltmensch hatte an eine Frau hineingeredet, was nur hineinging. 5:09 min

Was heißt zugelernt? Vielleicht hatte sie sich verrannt. Er war davon ausgegangen, daß das Weib sich hinopfern muß, damit er verherrlicht werde, der Mann. Ja Kuchen! Der Mann möge dem Weib seinen Boden lassen, auf dem es steht, dann kann es sich schon einmal opfern, ohne alles nur schlechter zu machen. Sie hatte alles nur schlechter gemacht. Was war diese Hingabe an Launen für eine Dummheit, welche Verfahrenheit die Selbstaufgabe ohne eine gesunde Hemmung. Sie war aus ihren Ufern getreten und fand nicht mehr zurück. Sie wußte nicht aus noch ein, als er sie nicht mehr brauchte. Eine Verlaufene mehr, irrte sie herum im Tal der Tränen.

Großsprecherische Sätze hatte sie in sich eingesogen, sie waren bestimmt nicht zu Ende gedacht, Sätze mit kurzen Beinen. Sie lief damit herum wie eine Glocke. Wegen sich selber darf man nie, tönte sie, man darf immer nur wegen der anderen. Leibhaftiger Unsinn. Es war einfache Diktatur von einem Mann: Wenn einer Erleichterung brauchte, 6:33 min durfte man ihm die nämlich geben. Sie selber durfte nichts brauchen. Sonst nichts?

Sie lernte Männer kennen, und einer war wie der andere und hatte für die Mädchen ein System und keine Gnade. Die natürlichen Feinde waren sie ja. Sie war arm, sie hatte darum nicht viel zu sagen. Sie war in diesem Durcheinanderwimmeln von Lebewesen nur eine Wärme, keine Person. Sie hatte nur recht, solang sie wohltat. Was fühlt ihr von mir, dachte sie, was wollt ihr in mich hineinsehn? Ihr schaut doch immer nur selber heraus. Euer Egoismus, der schaut heraus. Sieht mich denn keiner wirklich?

8:09 min Sie hatte drei Jahre verloren. Da waren neue Köpfe aufgekommen, die hatten ihre Mode in sich. Die Haare trug man jetzt fliehend aus den Wurzeln heraus, das Gesicht hatte keinen Rand mehr. Es kam ganz auf den Umriß der Backenknochen an, ob es wirkte. Da war es eben auch schon bei der Geburt parteiisch zugegangen. Die Frisur sollte leicht aussehn, aber ihr Gesicht machte sie befremdend schwer. Sie dachte, das ist nur, bis man es einmal gewohnt ist.

8:46 min Verstohlen schaute sie die Genossinnen von der Seite an, sah tiefer hinein in die Züge, sah, was im Anfang schon da war, ehe sie auf den Allerweltsleisten kamen. So mußte man also werden. Aber mußten sie denn nicht schreien in manchen Nächten vor der inneren Leere? Seht ihr nicht, dachte sie, wie nötig sie haben, daß man eine Hand auf sie legt und einen Typ aus ihnen macht? Sie hatten keine Leistung in sich selbst, kein eigenes Gesicht und keine gen Himmel schießende Flamme. Sie stellten sich tief hinein in ihren einzigen Reiz. Ohne einen Gedanken daran, wie sie stehenblieben, wirkten sie frisch. Dann sagten sie, wir haben wenig Jahre gebraucht und sind schon was geworden. Die Zeit hängte ihre Fahne über sie, auf der der Name stand dieser Kreatur: Girl. Die Männer liebten das Girl, gerade weil es nicht dachte.

Denn einer war wie der andere und hatte für die Mädchen ein System und keine Gnade. Solche Männer werden nicht gar, dachte sie, werden sie denn niemals gar? Um die brauchte man sich nicht in Stücke reißen.

Wohin gehörte sie überhaupt? Blieben ihre Gedanken nicht Anfänge und unberaten. Gott der Wille hatte mit ihr wohl nichts Entscheidendes vor. Er legte eine schwache Ahnung in sie und gab ihr den Namen Sehnsucht. Sie rannte mit dem Kopf gegen den Himmel an, wie wenn er zerreißen müßte am gekrümmten Weiß ihres Augs, an der bestürmenden Gebärde ihrer winzigen Hände. Der Himmel wich von ihr zurück, die nach dem Sinn und der Deutlichkeit suchte mit gespreizten Sinnen.

Sie floh zu einem Mann, der für klug galt und für eine öffentliche Person. So einer mußte doch Rat für sie wissen. Er trug einen Hausanzug wie angewachsenes Fell und gab Wärme von sich und rückte sein Gegenüber zurecht, bis es in dies Zimmer eines Weisen paßte. Er wußte, wie man ein höheres Wesen aus sich machte, und wenn sie es da nicht lernte, konnte sie es überhaupt nicht lernen.

Er fand Zeichen von Begabung bei ihr und machte ein kleines Gesicht wie die festgesogene Mücke, so sehr kam es für ihn darauf an. Er gab ihr einen Doppelnamen, damit er sich leichter einprägen sollte, und ließ sie Fritz Mauthner »Kritik der Sprache« lesen. Er übersah ihre Anspannungen als unwichtig und bemerkte die gewordenen Süchte wie etwas, dem ein Mensch nicht entrann, nannte ihre Versuche zu einer persönlichen Leistung Krampf, gab ihr aber das Recht auf den Krampf, weil sie jung war. Er zersetzte ihren Rest an Selbstvertrauen und hatte seine gesicherte Position, in die er sie nicht hinaufziehen konnte. Er lehrte sie sich selber lieben, aber am Leben verzweifeln, weil sie durch die Verzweiflung hindurchstoßen mußte. Die Menschen sollte sie ansehn für unmittelbare Mörder, dann wehrte man sich nämlich. »Genauer«, sagte er, »du bis zu wenig genau.« Sie rannte an seinen historischen Blick an wie an eine Wand.

2:56 min
Sie sah sich auf einmal im Spiegel, sie spürte, wie in ihr das Zeitgefühl wuchs, und geriet in eine Selbstbeobachtung hinein. Das kam daher, weil alle, die sie hier kennenlernte, sich auf ein Podium stellten.

Er verstand einiges vom Lügen, wo es notwendig war, und viel vom Erkennen. Auf seine Weise war er eine Macht. Wenn sie ihm ins Gesicht sah, lernte sie riechen, was eine Stadt war und was Straßen waren, aus denen überall einer herauskommen konnte mit Absichten, die auf einen zielten. Mit den Zufällen lernte sie rechnen. Und das Tennisrakett seiner Frau war in Amerika hundertundreiundachtzigmal fotografiert.

Sie selber spielte kein Tennis, sie war auch nicht fotografiert. Neben dem Wust von Popularität mußte eine wie sie verschwinden. Denn wie ein Wust erschien ihr Popularität immer. Jeder wollte ihr ein Gesicht herzerren, wie es ihm persönlich am richtigsten vorkam. Was hat der Mann bloß zu arbeiten, dachte sie, damit er noch was von sich selber weiß! Die Öffentlichkeit war eine Überschwemmung. Überschwemmung ist soviel wie Gefahr.

3:33 min
Er wog jedes Wort ab, weil die Fallstricke lauern im Wort. Sie bekam das Bedürfnis nach einem Abseits, wo sie nicht beobachtet wurde. Es zog sie

ins Unbewußte zurück. Sie kannte ihren Himmel nicht wieder, seit sie auf ihn hörte, war nicht mehr eins mit dem Frühwind, der kam, mit dem Tau, der ging, wußte nichts mehr davon, wie Vögel fliegen. Alles war in Frage gestellt. Friß oder stirb!

Sie war als ein Lamm von einem zu vielen, von vielen zu einem Weltweisen gegangen, und noch der Weltweise hatte das Seine genommen und ihr wenig gelassen. Es mochte in der Zukunft liegen, was er ihr gab. Und als er seine Macht an ihr bewiesen hatte, ließ der sie dem Zufall zum Raum. Sie vor sich selber schützen, das mußte sie selber.

Sie kam dahinter, daß es Hilfe vom anderen nicht gab und daß dies ein Schlachtfeld war. Was konnte einer schon tun? Sich dagegen stemmen, damit es nicht über ihn wegging. Es konnte helfen, es konnte nicht helfen, im voraus war das nicht zu wissen. Es war Zufall.

Mußte man gestachelt sein von vielen Wunden, damit man die eigene Angst am Mitmenschen heimzahlen konnte? Lief es darauf hinaus?

Sie hatte nur diese eine Seele und war fast schon hin. Und wenn einer herkam und wenn er aus sich herausging und wollte in sie hinein, wenn sein Blick starr wurde und wenn er sagte: »Ich weiß, was Ihnen fehlt«, – was zum Teufel wollte man ihr denn dann wieder nehmen? Vielleicht hatte er seinen Anfall zum Guten, dann konnte er einer Ungläubigen sagen: »Ihr Umgang waren Halunken.«

Wußte er überhaupt, wer er war? Wußte man, wer man selber war, wenn es hart ging auf hart? Man mußte überleben.

Anne Sexton

Nachempfundenes Ertrinken
Imitations of Drowning

Deutsch von Silvia Morawetz

Imitations of Drowning

Fear
of drowning,
fear of being that alone,
kept me busy making a deal
as if I could buy
my way out of it
and it worked for two years
and all of July.

This August I began to dream of drowning. The dying
went on and on in water as white and clear
as the gin I drink each day at half-past five.
Going down for the last time, the last breath lying,
I grapple with eels like ropes – it's ether, it's queer
and then, at last, it's done. Now the scavengers arrive,
the hard crawlers who come to clean up the ocean floor.
And death, that old butcher, will bother me no more.

I
had never
had this dream before
except twice when my parents
clung to rafts
and sat together for death,
frozen
like lewd photographs.

Nachempfundenes Ertrinken

Angst
vorm Ertrinken,
Angst davor, so allein zu sein,
ließ mich nicht ruhen und einen Handel schließen,
als könnte ich mir
den Ausweg erkaufen,
und das ging zwei Jahre gut
und den ganzen Juli.

Seit August träume ich vom Ertrinken. Das Sterben
fand kein Ende in Wasser so weiß und klar
wie der Gin, den ich jeden Tag um halb sechs trinke.
Zum letzten Mal hinabsinkend, der letzte Atemzug Lüge,
ringe ich mit Aalen wie Seile - es ist Äther, es ist sonderbar,
und dann schließlich ist es vorbei. Nun kommen Aasfresser an,
diese tüchtigen Kriecher, picken rein den Grund des Ozeans.
Und der Tod, der alte Schlächter, kann mir nichts mehr tun.

Diesen Traum
hatte ich
noch nie zuvor gehabt,
bis auf zweimal, als meine Eltern
sich an Flöße klammerten
und gemeinsam dem Tod ins Auge sahen,
erstarrt
wie obszöne Fotografien.

Who listens to dreams? Only symbols for something –
like money for the analyst or your mother's wig,
the arm I almost lost in the washroom wringer,
following fear to its core, tugging the old string.
But real drowning is for someone else. It's too big
to put in your mouth on purpose, it puts hot stingers
in your tongue and vomit in your nose as your lungs break.
Tossed like a wet dog by that juggler, you die awake.

Fear,
a motor,
pumps me around and around
until I fade slowly
and the crowd laughs.
I fade out, an old bicycle rider
whose odds are measured
in actuary graphs.

This weekend the papers were black with the new highway
fatalities and in Boston the strangler found another victim
and we were all in Truro drinking beer and writing checks.
The others rode the surf, commanding rafts like sleighs.
I swam – but the tide came in like ten thousand orgasms.
I swam – but the waves were higher than horses' necks.
I was shut up in that closet, until, biting the door,
they dragged me out, dribbling urine on the gritty shore.

Wer hört schon Träume? Es sind nur Symbole für etwas –
wie Geld für den Analytiker oder die Perücke deiner Mutter,
der Arm, den ich beinahe in der Wäscheschleuder eingebüßt hätte,
als ich, der Angst nachgehend bis zum Grund, an dem alten Faden zog.
Aber wirkliches Ertrinken ist etwas für andere Leute. Es ist zu groß,
um es absichtlich in den Mund zu nehmen, es jagt dir heiße Stacheln
in die Zunge und drückt die Kotze in die Nasen, während deine Lunge platzt.
Wie ein nasser Hund geworfen von diesem Jongleur, stirbst du hellwach.

Die Angst,
ein Motor,
wälzt mich um und um,
bis ich allmählich verblasse
und die Menge lacht.
Ich verblasse ganz, ein alter Radfahrer,
dessen Risiken in Versicherungstabellen
aufgeführt sind.

Dieses Wochenende war die Zeitung schwarz von neuen Autobahntoten,
und in Boston fand der Würger sein nächstes Opfer,
und wir waren alle in Truro, tranken Bier und schrieben Schecks aus.
Die anderen waren wellenreiten, steuerten Flöße wie Schlitten.
Ich schwamm – doch die Flut kam heran wie zehntausend Orgasmen.
Ich schwamm – doch die Wellen waren höher als die Hälse von Pferden.
Ich war in diesen Schrank gesperrt, bis sie mich, die Zähne in die Tür
geschlagen, herauszogen und mein Urin auf den Kiesstrand tropfte.

Breathe!
And you'll know ...
an ant in a pot of chocolate,
it boils
and surrounds you.
There is no news in fear
but in the end it's fear
that drowns you.

September 1962

Atme!
Und du weißt, wie es ist ...
als Ameise in einem Topf Schokolade,
sie kocht
und umschließt dich.
Sie sagt dir nichts Neues, die Angst,
am Ende aber ist es die Angst,
in der du ertrinkst.

September 1962

Djuna Barnes
Löschung
Deutsch von Karin Kersten

Kennen Sie Deutschland, Madame, Deutschland im Frühling? Dann ist es zauberhaft dort, finden Sie nicht auch? Alles so großzügig und frisch, und die Spree, die sich schmal und dunkel vorwärtswindet – und die Rosen! Die gelben Rosen an den Fenstern. Und die strahlenden Amerikaner mit ihrer Gesprächigkeit, wie sie zwischen den Gruppen schwerfälliger deutscher Männer hindurchlaufen, die über ihre Maßkrüge hinweg ihre lebenslustigen, lachenden Frauen anstarren.

Solch ein Frühling war das vor drei Jahren, als ich von Rußland nach Berlin kam. Ich war gerade erst sechzehn, und mein Herz war das Herz einer Tänzerin. So ergeht es einem manchmal; monatelang ist das Herz nur das eine und dann auf einmal – nur noch etwas völlig anderes, *nicht wahr?* Ich saß häufig im Café am Ende der Straße »In den Zelten«, wo ich Eier aß und Kaffee trank und den plötzlich niedergehenden Regen der Spatzen beobachtete. Alle kamen gleichzeitig mit den Füßen auf dem Tisch auf, alle befreiten ihn gleichzeitig von Krümeln, und alle flogen gleichzeitig in den Himmel hinauf, so daß das Café ebenso plötzlich ohne Vögel war, wie es zuvor plötzlich voller Vögel gewesen war.

Manchmal kam eine Frau dorthin, etwa um dieselbe Zeit wie ich, so um vier Uhr nachmittags. Einmal kam sie mit einem kleinen Mann, so einem verträumten, unsicheren. Doch ich muß Ihnen schildern, wie sie aussah: *Temperamentvoll* und groß, *kraftvoll* und dünn. Sie muß damals vierzig gewesen sein und war teuer und nachlässig gekleidet. Man hatte den Eindruck, daß sie Mühe hatte, die Kleider anzubehalten. Ständig schauten ihre Schultern heraus, verhakte sich ihr Rock irgendwo, verlegte sie ihren Geldbeutel, doch die ganze Zeit war sie grau-

sam schmuckbehängt, und irgend etwas Absichts-
volles, Dramatisches verband sich mit ihrer Erscheinung, so als sei sie der Mittelpunkt eines
Strudels und ihre Kleider seien bloß kurzlebiger
Plunder.

Manchmal lockte sie die Spatzen, und manchmal
sprach sie mit dem *Weinschenk,* und dabei ver-
schränkte sie die Finger derart gewaltsam, daß die
Ringe hervorstachen und man durch sie hindurch-
sehen konnte, sie war so lebendig und so deplaziert.
Was ihren zierlichen kleinen Mann betraf, so sprach
sie Englisch mit ihm, so daß ich nicht wußte, woher
sie kamen.

1:39 min Dann ließ ich mich in dem Café eine Woche nicht
sehen, weil ich mich beim *Schauspielhaus* bewerben
wollte. Ich hatte gehört, daß sie eine Tänzerin such-
ten, und mir war sehr daran gelegen, die Rolle zu
bekommen, so daß ich natürlich an nichts anderes
dachte. Ich wanderte ganz allein durch den *Tiergar-
ten* oder bummelte die *Siegesallee* hinunter, wo all die
Statuen der bedeutenden deutschen Herrscher stehen und wie Witwer aussehen. Dann plötzlich dachte ich an die *Zelte* und an die Vögel und an die
große, eigenartige Frau, also kehrte ich dorthin zurück, und da saß sie, nippte an ihrem Bier und lockte die Spatzen.

2:15 min Als ich das Café betrat, stand sie sofort auf und
kam auf mich zu und sagte: »Ja, guten Tag! Ich habe
Sie vermißt. Weshalb haben Sie mir denn nicht
gesagt, daß Sie wegwollten? Vielleicht hätte ich ja
etwas dagegen unternehmen können.«

So redete sie, mit einer Stimme, die einem ans
Herz ging, weil sie so hell und rein war. »Ich habe
ein Haus«, sagte sie, »direkt an der Spree. Sie hätten
bei mir bleiben können. Es ist ein großes, geräumi-
ges Haus, und Sie könnten das Zimmer gleich neben

meinem haben. Es ist nicht einfach zu bewohnen, aber es ist hübsch – italienisch, wissen Sie, wie die Interieurs auf den venezianischen Gemälden, wo die jungen Mädchen liegen und von der Heiligen Jungfrau träumen. Sie würden erleben, daß Sie dort schlafen können, weil Sie dazu ausersehen sind.«

Irgendwie kam es mir gar nicht absonderlich vor, daß sie so auf mich zutrat und mich ansprach. Ich sagte, bestimmt würde ich ihr in diesem Garten bald wiederbegegnen, und dann könnten wir zusammen »nach Hause« gehen, und sie schien zwar erfreut, aber nicht weiter überrascht.

Dann betraten wir den Garten eines Abends genau im selben Augenblick. Es war spät, und die Geigen spielten bereits. Wir setzten uns zusammen, ohne etwas zu sagen, und lauschten einfach nur der Musik und bewunderten das Spiel des einzigen weiblichen Orchestermitglieds. Gespannt verfolgte sie die Bewegungen ihrer Finger und schien geradezu einen langen Hals zu machen, um alles mitzubekommen. Dann stand die Dame mit einemmal auf, ließ ein paar Münzen auf den Tisch regnen, und ich folgte ihr, bis wir zu einem großen Haus kamen und sie die Haustür aufschloß. Sie wandte sich nach links und trat in ein dunkles Zimmer, machte das Licht an, setzte sich hin und sagte: »Hier schlafen wir; so ist es hier.«

Alles war unordentlich und kostspielig und melancholisch. Alles war gediegen und hoch oder breit und geräumig. Eine Kommode reichte mir bis über den Kopf. Der Porzellanofen war riesengroß und hatte ein blaues Blumenmuster. Das Bett war so hoch, daß man darin nur etwas erblicken konnte, das es zu bewältigen galt. Die Wände bestanden vollständig aus Bücherregalen und hatten auf dem Rücken ein goldgeprägtes Wappen, das verzwickt und einschüchternd aussah. Sie läutete nach dem Tee und begann ihren Hut abzusetzen.

5:01 min Über dem Bett hing ein gewaltiges Schlachtgemälde; Gemälde und Bett schlossen bündig gegeneinander ab, so daß die riesigen Rümpfe der Hengste erst in den Kopfkissen gezügelt wurden. Die Generäle schienen, so wie sie in ihren fremdländischen Helmen mit tropfenden Schwertern durch die Rauchwalzen und die blutigen Schlachtreihen der Sterbenden wüteten, einen Angriff gegen das Bett zu reiten, das so ausladend, so zerwühlt und verheert war. Die Bettücher schleiften, die Bettdecke hing zerrissen herab, und Federn trieben am Boden entlang und erzitterten unter dem Windhauch, der vom offenen Fenster kam. Die Dame lächelte auf eine traurige, ernste Weise, sagte jedoch nichts, und es verging eine ganze Weile, bis ich auf einmal ein Kind sah, nicht viel älter als drei Jahre, ein kleines Kind, das inmitten der Kissen lag und einen kümmerlichen Laut von sich gab, wie das Summen einer Fliege, und ich dachte, das sei eine Fliege.

Sie sprach nicht mit dem Kind, beachtete es im Grunde gar nicht, so als hätte es ohne ihr Wissen in ihrem Bett gelegen. Als der Tee hereingebracht wurde, schenkte sie ihn zwar ein, rührte ihn jedoch nicht an und trank statt dessen kleine Gläser Rheinwein.

5:56 min »Ludwig haben Sie ja gesehen«, sagte sie mit einer schwachen, kummervollen Stimme. »Wir sind schon seit sehr langer Zeit verheiratet, er war damals noch ein Junge. Und ich? Ich bin Italienerin, habe aber Englisch und Deutsch gelernt, weil ich bei einem Tourneetheater war. Sie«, sagte sie unvermittelt, »Sie müssen das Ballett aufgeben – das Theater – die Schauspielerei.«

Aus irgendeinem Grund empfand ich es nicht als merkwürdig, daß sie von meinem ehrgeizigen Wunsch wußte, wo ich doch noch gar nichts davon gesagt hatte. »Und«, fuhr sie fort, »Sie sind nicht für die Bühne gemacht; sie sind für etwas Stilleres, Zurückgezogeneres geschaffen. Hören Sie, ich liebe Deutschland sehr, ich lebe hier schon seit etlichen Jahren. Sie werden bleiben, und dann werden Sie schon sehen. Sie haben Ludwig ja gesehen. Sie werden bemerkt haben, daß er nicht stark ist. Er läßt ständig den Kopf hängen, das kann Ihnen nicht entgangen sein. Man darf ihm keinen Kummer zumuten, er hält überhaupt nichts aus. Er hat sein eigenes Zimmer.« Sie schien auf einmal erschöpft und stand auf und warf sich übers Bett, am Fußende, und schlief fast augenblicklich ein, umflossen von ihrem Haar. Ich ging daraufhin weg, kehrte jedoch am selben Abend wieder zurück und klopfte an die Scheibe. Sie trat ans Fenster, machte mir ein Zeichen und tauchte gleich darauf an einem anderen Fenster auf und winkte mir, und ich schwang mich auf die Fensterbank und kletterte hinein, und es störte mich nicht, daß sie mir die Tür nicht aufgemacht hatte. Das Zimmer war nur vom Mond und von zwei dünnen Kerzen erhellt, die vor der Jungfrau brannten.

Es war ein schönes Zimmer, Madame, »*traurig*«, wie sie sagte. Alles war bedeutungsvoll und alt und düster. Die Bettvorhänge waren aus rotem Samt, italienisch, wissen Sie, und von Goldlitze umsäumt. Der Bettüberwurf war aus dunkelrotem Samt und mit der gleichen Litze eingefaßt. Am Boden neben dem Bett stand eine Fußbank, auf der ein rotes, quastenverziertes Kissen lag, und auf dem Kissen lag aufgeschlagen eine Bibel in italienischer Sprache.

Sie gab mir ein langes Nachthemd, das fiel bis zu den Füßen hinab und bauschte sich dann fast bis an die Knie. Sie öffnete mir das Haar, es war damals lang und gelb. Sie flocht es zu zwei Zöpfen; sie ließ mich neben sich niederknien und sagte ein Gebet auf deutsch, dann eins auf italienisch, schloß mit den Worten »Gott segne dich«, und ich ging zu Bett. Ich liebte sie sehr, weil es zwischen uns nichts gab als diese seltsame Vorbereitung aufs Zubettgehen. Sie ging dann aus dem Zimmer. Ich hörte das Kind weinen, war jedoch müde.

9:01 min

Ich blieb ein Jahr lang. Der Gedanke an die Bühne war aus meinem Herzen gewichen. Ich war eine *réligieuse*, eine Nonne geworden. Es war eine sanfte Religion, die mit dem Gebet begonnen hatte, das ich ihr an jenem ersten Abend nachgesprochen hatte, und mit der Art, wie ich schlafen gegangen war, obwohl wir die Zeremonie niemals wiederholten. Sie wuchs unter dem Einfluß der Möbel und der Atmosphäre des ganzen Zimmers und der Bibel, die an einer Seite aufgeschlagen lag, die ich nicht lesen konnte. Eine Religion, Madame, die keinerlei Entbehrung kannte, und vielleicht war sie demnach nicht gottgefällig und nicht, wie sie eigentlich hätte sein sollen. Ich war eben glücklich, und ich lebte dort ein Jahr lang. Ludwig sah ich fast nie und ebenso selten auch Valentine, denn so hieß ihr Kind, ein kleines Mädchen.

0:02 min

Am Ende jenes Jahres merkte ich jedoch, daß in anderen Ecken des Hauses Unruhe herrschte. Ich hörte sie des Nachts umherlaufen, und manchmal war Ludwig dann bei ihr, ich konnte ihn schreiben und sprechen hören, doch ich konnte nicht verstehen, was er sagte. Es hörte sich nach einer Belehrung an, etwas, das von einem Kind wiederholt werden soll, doch wenn das so war, dann blieb die Antwort aus, denn das Kind gab nie einen Ton von sich, außer jenem summenden Schrei.

Manchmal ist es herrlich in Deutschland, Madame, *nicht wahr?* Es geht nichts über einen deutschen Winter. Sie und ich gingen gern am Kaiserpalais spazieren, und sie strich über die Kanonen und sagte, sie seien großartig. Wir sprachen über Weltanschauliches, denn sie hatte das Problem, daß sie zuviel nachdachte, doch sie kam immer zu demselben Schluß, daß man wie alle anderen auch sein oder zu sein versuchen müsse. Sie erklärte, so wie alle anderen zu sein, mit seinem ganzen Wesen und ohne Einschränkung, das heiße, heilig sein. Sie sagte, die Menschen verstünden nicht, was damit gemeint sei, wenn es heiße »Liebe deinen Nächsten wie dich selbst«. Es sei damit gemeint, sagte sie, daß man sein soll wie alle Menschen *und* man selbst, und dann sagte sie, man sei gleichzeitig am Ende und mächtig.

Manchmal sah es so aus, als käme sie zurecht, als sei sie durch und durch Deutschland, zumindest in ihrem italienischen Herzen. Sie wirkte so heillos gefaßt und dabei doch betrübt, daß ich mich vor ihr fürchtete und auch nicht fürchtete. 11:16 min

So verhielt sich das, Madame, sie schien es so haben zu wollen, obwohl sie nachts sehr konfus und zerstreut war, ich konnte sie in ihrem Zimmer umhergehen hören.

Dann kam sie eines Nachts herein und sagte, ich müsse zu ihr ins Zimmer kommen. Es war in einer entsetzlichen Unordnung. Es stand ein Kinderbett darin, das vorher nicht dagewesen war. Sie zeigte darauf und sagte, das sei für mich.

Das Kind lag in dem prächtigen Bett, gegen ein großes Spitzenkissen gelehnt. Inzwischen war es vier Jahre alt und lief doch nicht, und ich hörte es niemals irgend etwas sagen oder irgendeinen Laut von sich geben. Außer jenem summenden Schrei. Es war 11:51 mi schön auf diese unechte Weise, wie schwachsinnige Kinder schön sind. Ein heiliges Tier ohne Abnehmer, befleckt von Unschuld und öder Zeit, honigblond und schwach, wie jene zwergenhaften Engel auf frommen Drucken und Valentinskarten, wenn Sie verstehen, was ich meine, Madame, etwas, das für einen besonderen Tag aufgehoben wurde, der nicht kommen würde, überhaupt nicht fürs Leben, und meine Dame sprach unterdessen ruhig zu mir, doch ich kannte sie überhaupt nicht mehr.

2:29 min »Du mußt jetzt hier schlafen«, sagte sie, »ich habe dich dafür hergeholt, falls ich dich brauchen sollte, und ich brauche dich. Du mußt hierbleiben, du mußt für immer hierbleiben.« Dann fragte sie »Willst du?« und ich sagte, nein, das könne ich nicht.

Sie nahm ihre Kerze hoch und stellte sie neben mir auf den Boden und kniete daneben nieder und schlang mir die Arme um die Knie. »Bist du treulos?« sagte sie, »Bist du in mein Haus, sein Haus, das Haus meines Kindes gekommen, um uns im Stich zu lassen?«, und ich sagte, nein, ich sei nicht gekommen, um sie im Stich zu lassen. »Dann«, sagte sie, »wirst du tun, was ich dir sage. Ich werde es dich lehren, langsam, ganz langsam. Es wird dich nicht überfordern, doch du mußt beginnen, zu vergessen, du muß *alles* vergessen. Du mußt alles vergessen, was die Menschen dir erzählt haben. Du mußt alle Argumente und die Philosophie vergessen. Es war falsch von mir, von solchen Dingen zu sprechen. Ich dachte, es würde dich lehren, wie du in ihren Geisteszustand zurückfallen kannst, wie du die vergehende Zeit für sie auflösen, dich in ihre Entbehrung und ihre Enteignung hineinfinden könntest. Ich habe dich schlecht erzogen; ich war eitel. Du wirst es besser machen. Vergib mir.« Sie legte die Handflächen auf den Boden und hielt ihr Gesicht dicht vor meins. »Du darfst niemals ein anderes Zimmer sehen als dieses. Es war eine große Eitelkeit, daß ich dich zum Spazierengehen mitgenommen habe. Jetzt wirst du hier drinbleiben, sicher aufgehoben, und du wirst schon sehen. Du wirst es mögen, du wirst lernen, es überhaupt am allermeisten zu mögen. Ich werde dir Frühstück bringen und Mittagessen und Abendessen. Ich werde es euch beiden persönlich bringen. Ich werde dich auf den Schoß nehmen, ich werde dich füttern wie ein Vogeljunges. Ich werde dich in Schlaf wiegen. Du darfst nicht mit mir streiten – vor allem dürfen wir keine Auseinandersetzungen haben, keine Gespräche führen über den Menschen und sein Schicksal – der Mensch hat kein Schicksal – das ist mein Geheimnis, ich habe es dir bis heute verschwiegen, bis zu diesem Augenblick. Warum ich es dir nicht schon früher gesagt habe? Vielleicht habe ich dies Wissen eifersüchtig gehütet, ja, das muß es sein, doch jetzt schenke ich es dir, ich teile es mit dir. Ich bin eine alte Frau«, sagte sie und hielt immer noch meine Knie umfaßt, »als Valentine geboren wurde, war Ludwig noch ein Knabe.« Sie stand auf und trat hinter mich. »Er ist nicht stark, er begreift nicht, daß die Schwachen das Stärkste auf der Welt sind, weil er einer von ihnen ist. Er kann ihr nicht helfen, sie sind unzugänglich füreinander. Ich brauche dich, du mußt es sein.« Plötzlich begann sie, mit mir zu sprechen, wie sie mit dem Kind sprach, und ich wußte nicht, mit wem von uns beiden sie sprach. »Sprich mir nie irgend etwas nach. Weshalb sollen Kinder nachsprechen, was die Leute sagen? Das Ganze ist nichts als ein Geräusch, so heiß wie das Innere eines Tigermauls. Sie nennen das Kultur – aber das ist eine Lüge! Doch eines Tages wirst du vielleicht hinausgehen müssen, wird irgend jemand dich auszuführen versuchen, und dann wirst du sie nicht verstehen oder was sie sagen, außer du verstehst gar nichts, absolut nichts, dann wirst du damit fertig werden.« Sie umkreiste mich, so daß sie uns ansah und mit dem Rücken zur Wand stand. »Hör zu«, sagte sie, »es ist alles vorbei, es ist verschwunden, du brauchst keine Angst zu haben; es gibt nur dich. Die Sterne sind verloschen, und der Schnee fällt und deckt die Welt zu, die Hecken, die Häuser und die Lampen. Nein, nein!« sagte sie zu sich selbst, »warte. Ich werde dich auf die Füße stellen und dich mit Bändern aufputzen, und dann werden wir hinausgehen in den Garten, wo die Schwäne sind und die Blumen und die Bienen und kleine Tiere. Und dann werden die Studenten kommen, denn es wird Sommer sein, und die werden in ihren Büchern lesen –«, sie brach ab, nahm dann jedoch ihre wilde Rede wieder auf, diesmal, als spräche sie wirklich zu oder von mir: »Katya wird mit dir gehen. Sie wird dich unterrichten, sie wird dir sagen, daß es keine Schwäne, keine Blumen, keine Tiere gibt – *nichts*, absolut nichts, geradeso wie es dir gefällt. Keinen Geist, keinen Gedanken, auch sonst absolut nichts. Keine Glocken werden läuten, keine Menschen werden sprechen, keine Vögel werden fliegen, keine Knaben werden sich regen, es wird keine Geburt geben und keinen Tod; keinen Kummer, kein Lachen, kein Küssen, kein Weinen, kein Entsetzen, keine Freude; kein Essen, kein Trinken, keine Spiele, kein Tanzen; keinen Vater, keine Mutter, keine Schwestern, keine Brüder – nur dich, nur dich!«

41 min Ich unterbrach sie und sagte: »Gaya, was quält dich nur so, und was soll ich tun?« Ich versuchte, die Arme um sie zu legen, doch sie schlug sie weg und schrie: »Still!« Dann sagte sie, während sie mit

ihrem Gesicht ganz nah an meins herankam: »Sie
hat keine Klauen, um daran zu hängen. Sie hat keinen jagdflinken Fuß; sie hat kein Maul für das
Fleisch – *Leere!*«

Dann, Madame, stand ich auf. Es war sehr kalt im
Zimmer. Ich trat ans Fenster und zog den Vorhang
beiseite, es war eine kalte, sternklare Nacht, und ich
stand, den Kopf an den Fensterrahmen gelehnt, und
sagte nichts.

Als ich mich wieder umwandte, schaute sie mich
an, mit ausgestreckten Händen, und ich wußte, daß
ich weggehen und sie verlassen mußte. Ich trat zu
ihr und sagte: »Auf Wiedersehen, my Lady.« Und
ich ging und zog meine Straßenkleidung an, und als
ich zurückkam, lehnte sie an dem Schlachtgemälde,
mit herabgesunkenen Händen. Ich näherte mich ihr
nicht, sondern sagte nur: »Auf Wiedersehen, mein
Herz«, und ging.

Manchmal ist es schön in Berlin, Madame, *nicht
wahr?* Mein Herz wurde von etwas Neuem bewegt,
dem leidenschaftlichen Wunsch, Paris kennenzulernen, und so war es natürlich, daß ich Berlin *Lebewohl*
sagte.

Ich ging zum letzten Mal in das Café in den
Zelten, aß meine Eier, trank meinen Kaffee und beobachtete das Kommen und gehen der Vögel – erst
alle auf einmal da, dann alle auf einmal weg. Ich war
glücklich gestimmt, denn so ist das mit meiner
Stimmung, Madame, wenn ich woanders hingehe.

Doch ein einziges Mal kehrte ich noch zu ihrem
Haus zurück. Ich ging einfach nur durch die Tür
hinein, denn alle Türen und Fenster waren geöffnet
– vielleicht machten sie ja an dem Tag sauber. Ich
stand vor der Schlafzimmertür und klopfte, doch es
kam keine Antwort. Ich stieß die Tür auf, und da
war sie. Sie saß aufrecht mit dem Kind im Bett, und

sie und das Kind stießen diesen summenden Schrei aus, und zwischen ihnen gab es keinen menschlichen Laut, und wie gewöhnlich herrschte eine gewaltige Unordnung. Ich trat neben sie, doch sie schien mich nicht zu erkennen. Ich sagte: »Ich gehe weg; ich fahre nach Paris. Ich habe große Sehnsucht, in Paris zu sein. Deshalb bin ich gekommen, um Lebewohl zu sagen.«

Sie stand vom Bett auf und kam mit bis zur Tür. Sie sagte: »Verzeih mir – ich habe dir vertraut – ich habe mich geirrt. Ich wußte nicht, daß ich es selbst tun konnte, doch du siehst ja, ich kann es selbst.« Dann legte sie sich wieder aufs Bett und sagte: »Geh weg«, und ich ging.

So ergeht es einem, wenn man reist, *nicht wahr,* Madame?

Mascha Kaleko
Spät nachts

Spät nachts

Jetzt ruhn auch schon die letzten Großstadthäuser.
Im Tanzpalast ist die Musik verstummt
Bis auf den Boy, der einen Schlager summt.
Und hinter Schenkentüren wird es leiser.

Es schläft der Lärm der Autos und der Maschinen,
Und blasse Kinder träumen still vom Glück.
Ein Ehepaar kehrt stumm vom Fest zurück,
Die dürren Schatten zittern auf Gardinen.

Ein Omnibus durchrattert tote Straßen.
Auf kalter Parkbank schnarcht ein Vagabund.
Durch dunkle Tore irrt ein fremder Hund
Und weint um Menschen, die ihn blind vergaßen.

In schwarzen Fetzen hängt die Nacht zerrissen,
Und wer ein Bett hat, ging schon längst zur Ruh.
Jetzt fallen selbst dem Mond die Augen zu ...
Nur Kranke stöhnen wach in ihren Kissen.

Es ist so still, als könnte nichts geschehen.
Jetzt schweigt des Tages Lied vom Kampf ums Brot.
- Nur irgendwo geht einer in den Tod.
Und morgen wird es in der Zeitung stehen.

Milena Moser
Der junge Mann von gegenüber

Und dann hat die Eiserne Jungfrau zu mir gesagt ...

Den Rest konnte sie nicht hören. Christa hielt einen Moment ganz still, dann richtete sie sich auf, zog die Strumpfhose hoch, strich Unterrock und Rock glatt und drückte die Spülung. Die Stimmen im Vorraum verstummten. Als sie die Toilettentür öffnete, sah sie gerade noch, wie zwei junge Frauen dicht aneinandergedrängt aus dem Raum huschten.

Christa wusch sich die Hände und trocknete sie methodisch ab, jeden Finger einzeln. Von diesen Heißluft-Handtrocknern, die vor kurzem installiert worden waren, hielt sie gar nichts.

Sie kontrollierte ihr Bild im Spiegel. Sie trug ein metallfarbenes Kostüm und eine kleingemusterte Seidenbluse mit passendem Schal. Die Sachen waren neu, und teuer. Christa hatte durchaus Sinn für modische Kleidung, sie hatte auch lange genug darauf verzichten müssen, aber irgendwie wirkte an ihr alles gleich sehr viel strenger und freudloser als auf dem Bügel. Genauso war es mit ihrem Haar, das sie einmal im Monat von einem bekannten Friseur nachschneiden ließ. Der Friseur war so berühmt, daß er noch öfter als seine Kundinnen in den Klatschspalten auftauchte. Alle schönen und reichen Frauen der Stadt gingen zu ihm. Sie nannten ihn einen Zauberer, einen Künstler und luden ihn sogar zu ihren Parties ein. Doch Christa schien es einfach nicht zu gelingen, mit ihm ins Gespräch zu kommen, und so saß sie einmal im Monat ganz still inmitten des aufgeregten Summens, während der Meister mißmutig ihr graues Haar zu einem Eisenhelm zurechtstutzte. Christa fuhr sich versuchshalber mit der Hand durch die Haare, aber die Strähnen fielen genau dorthin zurück, wo sie hingehörten.

Eiserne Jungfrau ... wie originell.

Und »eisern« stimmte nicht einmal.

Christa war schüchtern. Natürlich ließ sie sich das nicht anmerken, schon gar nicht in der Firma. Aber es war so. Nur deshalb war sie auf der mittleren Führungsebene steckengeblieben, wo es höchstens interne Sitzungen und ab und zu ein Mittagessen gab. Keine Reden auf Kongressen, keine Reisen in fremde Städte, keine Diners, bei denen viel Geld verschoben wurde.

2:34 min Christa war eine der ersten Frauen gewesen, die die Firma eingestellt hatte. Als Schreibhilfe in einem riesigen Büro mit anderen jungen Frauen. Es war eine langweilige und ermüdende Arbeit, die Frauen wechselten oft. Die meisten heirateten, aber das kam für Christa nicht in Frage. Sie war aufgestiegen, langsam, mühsam, aber unaufhaltsam. Damals war es von Vorteil, nicht allzu hübsch oder kokett zu sein. Christa war keins von beidem. Da sie für den Empfang nicht in Frage kam (von dem aus kein Weg weiterführte, jedenfalls nicht für die Angestellten), war sie erst einmal Sekretärin geworden. An ihrem ersten Arbeitstag in ihrem ersten eigenen winzigen Büro, eigentlich mehr ein Vorzimmer, hatte sie sich einen Plan gemacht. Stufe für Stufe hatte sie eingezeichnet, und wie sie sie erreichen wollte und wann, in verschiedenen Farben. Der Plan lag in einem Klarsichtmäppchen immer noch in ihrem Schreibtisch. Schritt für Schritt abgehakt und durchgestrichen. Seit ein paar Jahren hatte sie die Position, die sie für sich vorgesehen hatte. Sie hatte es geschafft. Doch sie erlaubte sich deswegen noch lange nicht, sich zurückzulehnen. Das wäre gefährlich gewesen. Sie arbeitete weiter hart und gab sich keine Blöße, niemals.

4:11 min Nur ganz selten fragte sie sich, warum sie das alles machte. Vor allem, seit ihre Mutter gestorben war. Aber der Gedanke war unheimlich, sie schob ihn schnell beiseite. Immerhin hatte sie Kurt. Das durfte sie nicht vergessen. Ohne ihn hätte sie die letzten Jahre wohl nicht durchgestanden.

Keine andere Frau hatte es so weit gebracht – nicht in dieser Firma. Aber die Zeiten änderten sich. Heute sah sie junge Frauen scheinbar mühelos Karriere machen, und zwar durchaus die Hübschen, die Koketten, gerade die. Sie schienen überhaupt nicht zu wissen, was Verzicht bedeutete, oder daß das Leben ein Kampf war, vielleicht war es das für sie auch nicht. Christas Leben war ein einziger Kampf. Sie haßte diese jungen Frauen, denen alles so leicht fiel. Manche hatten sogar Männer zu Hause, die abends für sie kochten!

Christa merkte am Schmerz des leichten Muskelkrampfes, wie fest sie ihre Kiefer aufeinandergepreßt hatte. Langsam öffnete sie den Mund und streckte gewissenhaft die Zunge heraus. Der Krampf löste sich.

Christa verließ die Firma als letzte. Bevor sie ging, brachte sie noch ein paar Dossiers auf den Pulten dieser jungen Aufsteigerinnen durcheinander, ließ hier eine Akte verschwinden und da ein Computerprogramm abstürzen.

Allzu leicht sollten sie es nicht haben.

Als sie die Wohnungstür aufschloß, schlug ihr ein abgestandener, fauliger Geruch entgegen. Als ob hier eine Tote lebte. Sie öffnete das Fenster.

Die Wohnung gehörte ihr. Sie lag im elften Stockwerk eines luxuriösen Hochhauses, war hell und großzügig und modern und gehörte ihr. Sie hatte sie nach dem Tod ihrer Mutter vor fünf Jahren gekauft. Irgend etwas mußte sie mit dem Geld ja machen, das sich auf der Bank angehäuft hatte. Die ganzen Jahre hatte sie gut verdient und kaum etwas ausgegeben. Wie sollte sie auch. Sie hatte mit ihrer Mutter in einem kleinen Häuschen am Stadtrand gelebt. Ihre Mutter hatte an Multipler Sklerose gelitten. Die Tagesschwester, die Gehhilfen, den Bügel am Bett und die Griffe in der Dusche, sogar die Gummiunterlagen hatte die Krankenkasse bezahlt. Christa war abends niemals ausgegangen, sie konnte ihre Mutter nicht allein lassen, aber das hatte sie nicht gestört. Sie hatte immer gewußt, daß ihr wirkliches Leben erst später beginnen würde. Deshalb hätte es auch gar keinen Sinn gehabt, sich vorher schon etwas zu leisten, neue Kleider etwa, teures Essen oder einen Plattenspieler. Sie ertrug die Abende geduldig und gutgelaunt und dachte dabei an später.

Nach dem Tod ihrer Mutter hatte sie das Haus und die Möbel und alles verkauft. Sie wollte nichts davon behalten, sogar die Fotos hatte sie weggeworfen. Sie wollte sich gar nicht mehr an diese Zeit erinnern. Sie hatte die moderne Wohnung in der Innenstadt gekauft und ganz neu eingerichtet.

:33 min Und trotzdem war alles ganz anders gekommen. Ihr Leben hatte sich kaum verändert. Sie saß abends zu Hause und hörte Platten oder las Bücher. Ihre Mutter hatte wenigstens ab und zu eine Bemerkung zum Essen gemacht, es war ihr aufgefallen, ob Christa schlechtgelaunt war oder eine andere Bluse trug, und sie hatte ihr zugehört, wenn sie vom Büro erzählte. Nach ihrem Tod war Christa ganz allein mit ihren modernen Möbeln, den teuren Kleidern und den funkelnagelneuen Schallplatten und wartete darauf, daß irgend etwas passierte. Bevor sie Kurt kennengelernt hatte, war sie einigermaßen verzweifelt gewesen.

Sie sah sich um. Die Wohnung war peinlich

sauber und aufgeräumt. Bis auf den Blumenstrauß auf dem Tisch könnte sie gut als Demonstrationsappartement durchgehen. Christa hatte immer frische Blumen in der Wohnung. Der Garten fehlte ihr, das war wahr.

Christa trug die Blumenvase in die Küche, um das Wasser zu wechseln und die Stiele nachzuschneiden. Als sie das grünliche Wasser ausleerte, wurde der faulige Geruch beinahe unerträglich. Daher kam es also. Christa schenkte sich ein Glas Weißwein ein. Sie mußte vergessen haben, das Wasser zu wechseln, und zwar mehrere Tage lang. Sie konnte sich nicht vorstellen, wie das passieren konnte. Andererseits war sie erleichtert, daß der unangenehme Geruch eine genau bestimmbare Ursache hatte, die außerdem ganz einfach zu beseitigen war.

Sie füllte die Vase neu und rieb mit einem sauber gefalteten Lappen die Wasserspritzer von der Chromstahlfläche.

Ein zweites Glas.

Sie packte ihre Einkaufstasche aus. Eine Handvoll Jakobsmuscheln, Wildreis, ein bißchen Spinat. Dazu ein kleiner Salat, mit diesem teuren neuen Essig angemacht, und zum Nachtisch vielleicht ein Zitronenschäumchen. Christa war sehr streng mit sich selber, wenn es ums Essen ging. Sie wußte, wie groß die Versuchung war, abends etwas Vorgekochtes aus einem Plastikgeschirr zu löffeln und dabei fernzusehen. Es wäre so einfach, dem nachzugeben, und so praktisch, doch das wäre nur der Anfang. Sie würde sich komplett gehenlassen. Das durfte nicht geschehen. Christa kochte jeden Abend drei Gänge für sich ganz allein, deckte den Tisch im Zimmer mit Leinenserviette und Kerze und Salz- und Pfeffersteuer aus Sterlingsilber.

Drittes Glas.

Trinken war an sich erlaubt, solange der Wein wirklich gut war. Dann machte es auch nichts, wenn es einmal ein bißchen viel war. Eine Flasche Weißwein war doch nicht viel, oder?

Meistens blieb es allerdings nicht bei einer.

Kurt trank Bier, daran lag es. Er trank es direkt aus der Dose, das ging natürlich schneller, und da sie ihn nicht allein trinken lassen wollte, mußte sie meist schon bald eine zweite Flasche öffnen. Gut, sie hatte früher schon getrunken, aber sie war besser damit fertig geworden. In letzter Zeit hatte sie morgens manchmal das Gefühl, ihr Kopf sei schwer und schwanke gefährlich auf ihrem dünnen Hals.

11:30 min

Sie stand immer schon um halb sechs auf. Sie bügelte die Kleider auf, die sie am Vorabend zurechtgelegt hatte, wusch sich die Haare, fönte ihren Helm zurecht und spülte das Frühstücksgeschirr. Dann setzte sie sich hin und schrieb eine Liste von Dingen, die sie nicht vergessen durfte. Sie brauchte diese Zeit am Morgen, um den Tag in Angriff nehmen zu können. Ehrlich gesagt, war sie früher auch nicht so spät ins Bett gegangen. Unwillkürlich warf sie einen Blick aus dem Fenster. Kurt wohnte in dem anderen Hochhaus, gleich gegenüber. Seine Fenster waren noch dunkel.

Er kam meistens erst nach dem Essen, um neun, halb zehn. Und dann konnte sie doch nicht gleich ins Bett gehen, oder? Das wäre nicht höflich gewesen.

Sie dämpfte das Licht. Auf dem Fensterbrett standen ein paar Kerzen mit zitternden Flammen. Sie hatte den schweren Ledersessel ans Fenster gerückt und eine Wolldecke auf den Ledersessel gelegt, damit sie nicht fror. Sie trug jetzt nur noch ihren Unterrock. In einer Hand hielt sie ihr Glas, die andere lag wie zufällig auf ihrer linken Brust. Die

Wohnung gegenüber war hell erleuchtet. Kurt war nicht zu sehen. Er stand wohl noch in der Küche, wo er sich etwas zu essen zurechtmachte. Gleich würde er ins Zimmer treten, mit seinem Brot und seiner Bierdose, er würde sich aufs Sofa setzen und eventuell den Fernseher einschalten, aber nicht unbedingt. Er saß ihr direkt gegenüber, wenn sie das Opernglas richtig einstellte, war es, als sei er in ihrer Wohnung. Sie konnte mit ihm sprechen. Ihn berühren, beinahe. Meistens trug er ein weißes, geripptes Unterhemd, von der Sorte, die Marlon Brando berühmt gemacht hatte. Er saß breitbeinig, die Füße weit von sich gestreckt oder auf den kleinen Tisch gelegt. Manchmal las er die Zeitung, dann konnte sie sein Gesicht nicht sehen. Einmal hatte er telefoniert, und während er sprach, gedankenlos eine Hand in sein Unterhemd geschoben und sich die Brust massiert, dabei hatte er direkt in ihre Augen geschaut, und sie war atemlos zurückgewichen. Obwohl er sie ja wohl kaum sehen konnte.

Oder?

Christa wartete nun schon eine ganze Weile. 14:16 m Langsam fröstelte sie in ihrem dünnen Unterrock. Er würde doch nicht etwa in der Küche bleiben? Was er wohl so lange machte, an diesem ganz normalen Montagabend? Sie wußte, daß er nicht kochen konnte, sie erkannte es an seinem ungeduldigen Ausdruck, wenn er sein belegtes Brot anschaute, kurz bevor er hineinbiß. Er mußte diese Brote gründlich satt haben. Eines Abends würde sie ihn zum Essen einladen, hier an diesem Tisch würde er sitzen und jeden Bissen genießen, und dann würde er ihre Hand küssen und sagen: Du hast mir neue Welten eröffnet.

Sie mußte nur den richtigen Zeitpunkt abwarten.

Christas Hand krallte sich schmerzhaft in ihre eigene Brust. Kurt hatte das Zimmer betreten. Er trug ein buntbedrucktes Hemd und frisch gebügelte Hosen. Sie drehte am Opernglas, tatsächlich, das Preisschild baumelte noch über dem Kragen des Hemdes, es mußte ganz neu sein. Er deckte den runden Tisch in der Ecke. Er zündete Kerzen an. Christa sah an seinen Bewegungen, daß er nervös war.

15:42 min Sie warf das Opernglas weg, es kollerte geräuschvoll über das glatte Parkett. Sie stand auf und zog einen Pullover über den Unterrock. So war das also. Nach all diesen Abenden, Wochen, Monaten des Wartens. Sie hatte sich nicht aufdrängen wollen, sie hatte gewartet. Und das hatte sie nun davon. Kurt war nicht besser als alle anderen Männer. Sie wußte schon, warum sie sich nie mit einem von ihnen eingelassen hatte. Christa trank ihr Glas im Stehen aus, dann ging sie ins Badezimmer, Zähneputzen, Zahnseide und Munddusche nahmen eine gute Viertelstunde in Anspruch, und langsam beruhigte sie sich. Sie würde früher ins Bett gehen und besser schlafen. Weniger trinken, das war alles. Mit methodischen, kreisenden Bewegungen trug sie ihre Nachtcreme auf und bürstete ihr Haar. Hundertmal gegen den Strich. Sie löschte das Licht.

In der Wohnung gegenüber war nun der Tisch gedeckt. Kerzen brannten. Kurt kam gerade aus der Küche. Mit einem erwartungsvollen Lächeln balancierte er eine Platte, auf der ein Braten lag, ein riesiger Braten, vollkommen ungeeignet für zwei Personen.

17:08 min Mit dem Rücken zu ihr saß der Gast. Eine junge Frau mit burschikosem Haarschnitt und leuchtendroter Bluse. Seltsam, daß sie ihn allein kochen ließ … Christa hätte das nicht zugelassen. Sie setzte sich auf die Armlehne des Sessels und tastete nach ihrem

Glas. Es war leer. Sie schenkte sich noch einmal Wein ein und trank einen Schluck, obwohl er so kurz nach dem Zähneputzen nach nichts schmeckte. Kurt stellte die Platte auf den Tisch, beugte sich über die junge Frau und küßte sie. Christa bückte sich nach dem Opernglas. Die junge Frau stand auf und legte ihre Arme um Kurt. Ihre Unterarme waren behaart. Christa stellte das Glas schärfer ein.

Na also. Es war ein junger Mann. Dunkelhaarig, feingliedrig, wunderschön.

Christa kuschelte sich in den Sessel zurück. Sie hob ihr Glas und prostete den beiden zu.

Sie hatte sich ganz grundlos aufgeregt. Vincent, so würde er heißen, hätte sicher auch bald genug von Kurts belegten Broten. Sie würden sich bestimmt freuen, wenn sie sie zum Essen einlud. Genau das würde sie tun. Sie mußte nur den richtigen Moment abwarten.

Anne Sexton
Die Berührung
The Touch
Deutsch von Silvia Morawetz

The Touch

For months my hand had been sealed off
in a tin box. Nothing was there but subway railings.
Perhaps it is bruised, I thought,
and that is why they have locked it up.
But when I looked in it lay there quietly.
You could tell time by this, I thought,
like a clock, by its five knuckles
and the thin underground veins.
It lay there like an unconscious woman
fed by tubes she knew not of.

The hand had collapsed,
a small wood pigeon
that had gone into seclusion.
I turned it over and the palm was old,
its lines traced like fine needlepoint
and stitched up into the fingers.
It was fat and soft and blind in places.
Nothing but vulnerable.

And all this is metaphor.
An ordinary hand - just lonely
for something to touch
that touches back.
The dog won't do it.
Her tail wags in the swamp for a frog.
I'm no better than a case of dog food.
She owns her own hunger.
My sisters won't do it.
They live in school except for buttons
and tears running down like lemonade.
My father won't do it.

Die Berührung

Monatelang war meine Hand weggesperrt
in einer Blechbüchse. Nichts war da, nur U-Bahn-Geländer.
Vielleicht ist sie beschädigt, dachte ich,
und sie haben sie deshalb eingeschlossen.
Doch als ich hineinschaute, lag sie ruhig da.
Daran könnte man zeigen, wie spät es ist, dachte ich,
wie eine Uhr, an ihren fünf Knöcheln
und den dünnen unterirdischen Adern.
Sie lag da wie eine bewußtlose Frau,
ernährt durch Schläuche, von denen sie nichts ahnte.

Die Hand war ganz entkräftet,
eine kleine Ringeltaube,
die sich zurückgezogen hatte.
Ich drehte sie um, und die Handfläche war alt,
ihre Linien gearbeitet wie feiner Gobelinstich
und in die Finger vernäht.
Sie war dick und weich und an manchen Stellen blind.
Nichts als verletzlich.

Und all dies ist Metapher.
Eine gewöhnliche Hand - der nur fehlt,
etwas zu berühren
und berührt zu werden.
Die Hündin tut's nicht.
Ihr Schwanz wedelt im Sumpf nach einem Frosch.
Ich bin nicht besser als ein Karton Hundefutter.
Sie hat ihren eigenen Hunger.
Meine Schwestern tun's nicht.
Sie leben in der Schule, abgesehen von Knöpfen
und Tränen, die herunterlaufen wie Limonade.
Mein Vater tut's nicht.

He comes with the house and even at night
he lives in a machine made by my mother
and well oiled by his job, his job.

The trouble is
that I'd let my gestures freeze.
The trouble was not
in the kitchen or the tulips
but only in my head, my head.

Then all this became history.
Your hand found mine.
Life rushed to my fingers like a blood clot.
Oh, my carpenter,
the fingers are rebuilt.
They dance with yours.
They dance in the attic and in Vienna.
My hand is alive all over America.
Not even death will stop it,
death shedding her blood.
Nothing will stop it, for this is the kingdom
and the kingdom come.

Er kommt mit dem Haus und lebt sogar nachts
in einer Maschine, von meiner Mutter gemacht
und gut geschmiert von seinem Job, seinem Job.

Die Schwierigkeit ist,
daß ich meine Gesten gefrieren ließ.
Die Schwierigkeit war nicht
in der Küche oder den Tulpen,
sondern nur in meinem Kopf, meinem Kopf.

Dann wurde all dies Geschichte.
Deine Hand fand meine.
Leben schoß mir in die Finger wie ein Blutgerinsel.
O mein Zimmermann,
die Finger sind wiederhergestellt.
Sie tanzen mit deinen.
Sie tanzen auf dem Dachboden und in Wien.
Meine Hand ist lebendig in ganz Amerika.
Nicht mal der Tod hält sie auf,
der ihr Blut vergießende Tod.
Nichts hält sie auf, denn dies ist das Königreich
und das Jenseits.

Naja Marie Aidt

Wie die Engel fliegen

Deutsch von Peter Urban-Halle

timmt, dieser Winter war eisig gewesen, frostklar, und wir haben uns schrill gefühlt und einmalig, wenn wir in der späten Dämmerung über die glatten Straßen segelten, ganz in Schwarz, ganz mager. Nur die Straßenbeleuchtung verriet unsre stechenden Pupillen, und eigentlich segelten wir gar nicht. Wir flogen. Aber sonst war's dunkel. Die ganze Zeit dunkel. Wir sahen bloß unsere Schatten, und die Bewegungen zogen jeden Tag andere Muster – wir glitten aufeinander zu und trafen uns eng und hart und zogen uns dann zurück, um eine neue Erlösung zu finden, in einer Bewegung, in einem neuen Körper.

Wir wollten so gern fliegen. Das dauerte den ganzen Winter, und den Winter fanden wir ewig lang das Jahr. Lang und weiß und kalt.

Das Haus sollte wahrscheinlich zum Frühjahr abgerissen werden. Die Zimmer waren groß und feucht und klamm, die Farbe blätterte von den Wänden; Wortfetzen und abgerissene Sätze ragten aus den Mauern, versprüht mit schwarzem Lack. Fast dauernd dröhnte ein Ton durch die leeren Zimmer mit den hohen Decken.

Das Haus stand leer. Aber einer wohnte hier. Creepy wohnte hier und ein paar andre. Sie lebten auf verstreuten Matratzen, mit ihren Gitarren und Kriechtieren, mit ihren vollen und geleerten Flaschen, die auf dem Boden rumrollten, mit ihren weißen Häufchen Speed und Kokain, und andern Sachen in Plastiktüten und verschloßnen Röhrchen, verwahrt in Hosentaschen und verriegelten Schränkchen. Spiegel und Rasierklingen. Schmuck, der schwer von dünnen Handgelenken hing und jungen, unruhigen Hälsen.

Wir hatten die Haare schwarz oder weiß oder rot gefärbt und liefen stramm in Gummi oder Leder rum. Die Mädchen hatten zerfetzte Strümpfe an, die bis zum Schenkel reichten. So mußte das sein. Wir wollten das so; tiefer und dunkler und noch endloser mit jedem Tag, der vorbeiging. Mit jeder windigen Nacht. Unsre Gehirne explodieren lassen und das Licht sehen, das immer mitkommt. Wenn Gesichte und Dämonen herrschen und der Körper den heimlichen Pfaden folgt, die so voll sind von schmerzlicher Lust.

2:14 min Creepy war der einzige Beständige im Haus; wir andern kamen und gingen. Sein Zimmer lag im obersten Stock, man mußte da eine schmale Stiege raufklettern, und das einzige Licht, das er hatte, war eine Leuchtstoffröhre, ultraviolett, die über einem großen Käfig hing. 'ne Art Heizsonne. In dem Käfig lebte Plexus, vier Meter lang, eine Anakonda, voll ausgewachsen und gelb, mit feiner schwarzer Zeichnung. Creepy fütterte sie mit Ratten und Meerschweinjungen. Ihre Essenszeiten vergaß er nie, und bei der Verdauung ließ er sie in Ruhe.

Mitten im Raum stand ein langer schwarzer Sarg, ausgeschlagen mit weißem Satin und fleckig vom Gebrauch der vielen Jahre. Creepy schlief nämlich in dem Sarg, und er vögelte in dem Sarg. In den Deckel waren fünf, sechs Löcher gebohrt, damit man Luft kriegte, wenn er sich auf einen herabsenkte. Die Löcher glichen kleinen Sternen am dunklen Himmel, wenn man sie über sich sah, das Licht drang hindurch: hysterisches Lilalicht von der Neonröhre. Schwarzer Stoff bedeckte die Dachluke in Creepys Zimmer. Drinnen roch es komisch, nach Creepy, seinen Sachen, nach seinem Samen und seiner Haut – und nach Plexus, dem Sand auf dem Käfigboden, den Resten ihrer Mahlzeiten. Nach Dreck und Aas. Von einem Nagel an der Decke hing eine weiße Maske mit einem roten Riesenmund und baumelte hin und her. Überall flogen haufenweise Klamotten und Schuhe herum. Außer dem Sarg gab's nur noch ein Möbelstück, ein niedriges Regal an der Wand. Da standen ein toter Vogel in Spiritus drauf und ein dunkles Holzkästchen, in dem Creepy seinen Stoff aufbewahrte. Das Klicken, wenn er das Schloß öffnete und ein Tütchen herauszog. Das Gefühl süßer Kühle im Nacken.

Die Mädels waren scharf auf Creepy, er war so ätzend und so niedlich und so gnadenlos mit uns im Sarg, und das liebten wir auch, das war ja, als ob uns der Wahnsinn ganz hoch bis zu Gott tragen würde, wenn wir unter den Sternen lagen, nackt auf dem kühlen Satin, und uns ausweiden ließen. Von Creepys brutalen, verzweifelten Stößen und der Gewalt seiner scharfen Nägel, die rote Spuren in der Haut hinterließen. Creepy liebte nur Plexus, aber er brauchte uns. Das sagte er jedenfalls. Er sagte, wir sind seine Puppen, und konnte unsre Namen nicht auseinanderhalten. Aber den Winter hatten wir eh keine Namen, also spielte das keine Rolle.

Dagegen Creepy, er hatte seinen Namen, sein Zimmer, und er hatte Plexus. Außerdem hatte er als einziger von uns einen Job. Er machte Gummimasken für Horrorfilme und war so gefragt, daß er sogar ins Ausland lieferte. Das Honorar, das er dafür bekam, war meistens schneeweiß, und er verdiente gut. Er konnte nämlich so viele Reihen ziehen, wie er Lust hatte, und das waren nicht gerade wenige. Dafür war er aber auch nicht knickrig, wenn's ans Teilen ging; man konnte sich immer auf einen guten Trip verlassen, wenn man sich mit Creepy im Sarg ablegte. Wir waren wirklich ziemlich scharf auf ihn.

Abends und nachts wummerte Musik aus den Boxen, laut, laut, und brachte die Wände zum

Zittern. Wir zitterten selber, wir hörten nicht auf zu tanzen und schlugen die klingenden Schädel gegeneinander.

Unsre Nasen warn trocken und empfindlich von der ganzen Himmelsschnupferei. Unser Geschlecht war voller Risse und Wunden, weil wir das Kokain direkt drauflegten, und ich muß zugeben, das kommt gut. Als Ergänzung zum eigentlichen Rausch. Handschellen und das ungeduldige Rasseln der Ketten wuchsen aus dem Dunkel, wenn die Musik verstummt war, kurze, zuckende Schreie durchbrachen die Morgenstille. Kreuze wurden von ihren Ketten gerissen und hinterließen Male auf ihren pochenden Hälsen. Wir bissen uns gegenseitig bis aufs Blut.

7:16 min Das war, als der Frühling mit seinem grellen Licht näher kam. Zum Schluß konnte uns nur noch der Anblick und Geruch von Blut hoch genug tragen. Und wir wollten doch so gern fliegen. Sie wuchsen uns schier aus dem Rücken, die Flügel, wenn uns Zähne und kleine scharfe Messer einander spürbar machten. Einander spüren ließen.

Ich beobachtete mich im Spiegel, während ich mit flattrigen Händen feine Reihen Schnee zusammenkratzte, und fühlte mich ungeheuer schön und unverwundbar. Ich guckte zu Creepy hoch. Mit seinem glattrasierten Schädel, den er etwas schief hielt, saß er wie ein großer schwarzer Schatten da und betrachtete mich wie im Zwielicht. Er lächelte mir zu. Ich war wirklich ziemlich heiß auf ihn.

Der Winter hatte angefangen sich aufzulösen, Tauschnee tropfte vom Dach, und die ersten Knospen standen sehnsüchtig schwellend von den nackten Zweigen. Entzückend blinkten die lila Sterne unter Creepys Himmel und explodierten in ein Lichtmeer, das den Sarg erfüllte. »Du siehst aus wie eine Barbiepuppe, die gern sterben will«, hauchte Creepy heiser und stöhnte, seine Nägel hielten meine Brustwarzen in einem langen, schneidenden Griff. Ich lachte laut und wiegte mich auf dem gepolsterten Satin. Mir kam es vor, als flatterte der Vogel in seiner Spirituslösung mit den Flügeln.

Stimmt, der Winter war lang gewesen, wir waren ganz zerrissen vor lauter Kälte.

Sie sagte, es war ein guter Trip. Daß er hielt. Sie sagte, ich sollte mich um meinen eigenen Dreck kümmern und sie zufriedenlassen. Ihr Lachen war sanft und voll höhnischer Verachtung. Sie lachte eigentlich viel in diesem Winter, mehr als normal, schrill und klar, während ihre Hände nervös über Arme und Brust wuselten. Sie rieb ihre Haut und warf ihren Kopf herum, so daß das lange Haar in ständiger Bewegung war. Darunter flackerten die Augen, sie zog den Rotz hoch und befeuchtete die Lippen mit der Zunge.

Unsre Mutter hatte schon lange das Handtuch geworfen. Nur wenn sie die alten Polaroidfotos fand, wir als kleine Mädchen mit Zöpfen und den Kleidchen vom Schlußball, heulte sie. Drückte ihre Zigarette aus, die im Mundwinkel gehangen hatte, Tränen in den Augen. Sonst nicht. Als ob Sisse schon tot wär'. Aber die war total lebendig den Winter, total unruhig und lebendig. Sisse, verflucht, sagte ich, und versuchte, ihren Blick zu fangen. Sie lachte bloß.

Besonders viel sagte ich bald nicht mehr. Ich begnügte mich damit, sie reinzulassen, wenn sie zu den unmöglichsten Tageszeiten an der Tür klingelte. Natürlich wollte sie Geld. Und natürlich konnte ich ihr nie was abschlagen. Sie quengelte, als würde es um Süßigkeiten gehen, als ob wir Kinder wären und sie ihre Bonbontüte zu fix leer gemacht und ich in meiner Schreibtischschublade einen ganzen Vorrat angehäuft hätte – ängstlich, wie ich war.

1:41 min

Sie war gierig, meine kleine Schwester, und unwiderstehlich. Auch diesen Winter. Furchtbar unwiderstehlich, mit dem kokettesten Lachen, das man sich vorstellen kann. Sie war sich überhaupt nicht darüber im klaren, wie müde sie geworden war. Ich brachte sie zu Bett und schlief mit ihr in meinen Armen, damit sie nur ja nicht verschwand, während ich träumte. Aber sie verschwand immer. Wenn ich aufwachte, war sie weg, nur das zerwühlte Bett und der Geruch von ihr in der Luft verrieten, daß sie dagewesen war. Lange Zeit hatte ich keine Ahnung, wo sie so früh am Morgen hinging, und ich fühlte mich sehr allein, wenn sie so einfach abhaute, ohne Wiedersehn zu sagen. Aber zu Weihnachten war sie nach Hause gekommen.

Unsre Mutter, ihr Typ Kai und ich wanderten um einen kleinen, überladenen Weihnachtsbaum herum, in deren Wohnung am Gammel Køge Landevej. War ein bißchen unedel, die Sache, drei Erwachsene um das ganze Weihnachtsbrimborium. Unsre Mutter hatte zwei Kisten Bier unter der Spüle versteckt. So was entdecke ich sofort. Kai war schon voll, als er kam, aber wir taten, als würden wir nichts sehen. Wir waren beim Kaffee, als sie plötzlich in der Tür stand. Mit Sternen in den Augen und viel zuwenig an.

:07 min

»Und für mich gibt's keine Geschenke?« fragte sie sanft wie ein Baby und ließ sich in den Sessel fallen.

Mutter steckte sich eine an und guckte nervös zu Kai. Aber ihm war alles egal. Er fing an, auf dem Couchtisch Patiencen zu legen. Sie kriegte einen Teller lauwarmen Entenbraten und eins von meinen Geschenken, von dem ich in der Küche ein »Für-von«-Schildchen abgemacht hatte. Dann schleuderte sie ihre Haare nach hinten und massierte sich die nackten Oberarme. Stand schnell auf und zog sich die Jacke an.

»Ja, also, ich muß jetzt gehen«, sagte sie und küßte uns beide auf die Backe. Ihr Armband klirrte, ihre Füße berührten die Treppe kaum, als sie runterrannte. Als ob sie flog.

Dann betrank sich unsre Mutter vor aller Augen, holte das Fotoalbum und fing an zu jammern. Ich strich ihr über das ausgetrocknete, dauergewellte Haar und machte die elektrischen Kerzen am Weihnachtsbaum aus. Kai ging in die Kneipe. Das war er, der Heilige Abend.

»Sag Kai nichts«, sagte Mutter, bevor sie auf der Schlafcouch einnickte, »aber ich hab' ihr einen Blauen zugesteckt. Wo wir doch kein Geschenk für sie hatten …«

Ich nahm eine Taxe nach Hause, die Weihnachtsnacht war neblig, und hier und da fiel eine nasse, vereinzelte Flocke, die schon schmolz, ehe sie den Boden erreichte.

Eines Tages kurz nach Silvester konnte ich nicht mehr anders, ich mußte Sisse finden. Oder war's Anfang Februar? Ich rief eine Freundin von ihr an: der übliche Zirkus, man wolle sie schützen und nicht verpfeifen und sei total ahnungslos. Ich hatte derart Lust, Sisse eine zu knallen, sie einfach windelweich zu prügeln, von ihren Lippen das Lächeln zu vertreiben, den Ton ihres glockenklaren Lachens, der mich in meine dunkelsten Träume verfolgte. Eines Tages rief ein Mädchen in der Praxis an und sagte, sie heiße Tina (ich bin als Sprechstundenhilfe bei einem Zahnarzt angestellt und habe keine Sorgen). Ob ich Sisse suche. Ob ich wissen wolle, wo sie sei. Ein Haus in der Innenstadt, sie habe die genaue Adresse nicht, sagte sie und legte auf.

Nach der Arbeit trabte ich durch den Regen, an dunklen Nachmittagen. Ich suchte nach meiner zügellosen Schwester, die so hungrig ist und kein Gefühl der Sättigung kennt.

* * *

6:28 min

Es war ein ziemlich großes Gebäude, alt und verfallen, der Regen strömte aus einer Unmenge von Löchern in der Dachrinne und im Fallrohr. Ich bemerkte das Haus gegen sechs Uhr abends und wußte auf der Stelle, es war das richtige. Die Stimmung, die das Haus umgab, war genauso düster und niedergeschlagen und hermetisch, wie ich mir das vorgestellt hatte, als diese Tina anrief. Ich ging durch eine große Tür. Sie war nicht abgeschlossen, ein verstaubtes Treppenhaus empfing mich.

Ich kriegte einen Schock, als ein abartiges Gebrüll alles andere übertönte, den Regen draußen und das Rascheln meiner Sachen, wenn ich mich bewegte. Ich merkte, wie ich Angst hatte, ich fing an zu schwitzen. Ich hätte genausogut wieder abhauen können, ich habe schon so viel hinter mir gelassen im Laufe der Jahre, aber irgendwas hielt mich fest und zwang mich, dem Lärm nachzugehen. Ich öffnete mehrere verwüstete Räume. Alte Maschinenhallen oder so was.

Der Lärm von Menschen, die schrien und redeten, und ein Geknall unterschiedlicher Lautstärke
vermischten sich mit diesem Brüllen, das von Zeit
zu Zeit das ganze Haus erfüllte und mir die
Härchen auf den Armen zu Berge stehen ließ.
Kein Mensch nahm von mir Notiz, als ich plötzlich in der Türöffnung stand und mitten unter
ihnen war. Sieben, acht Leute waren da vielleicht,
vielleicht mehr, mitten im Zimmer ein umge-
schmissener Tisch, Milch und Saft und Joghurt
ergossen sich über den Boden. Sie hatten anschei-
nend gefrühstückt. Es roch säuerlich, war völlig
verqualmt, im Halbdunkel leuchteten weiße
Gesichter. Ich suchte Sisses Gesicht. Beinah hätte
ich sie nicht erkannt. Sie saß in der Hocke mit
dem Rücken an der Wand und rauchte einen
Joint.

»Scheiß-Shit«, hörte ich sie näseln, schlaff, an
keinen gerichtet.

Ich wollte hin und sie packen. Sie in meine
warme Steppjacke stecken, sie hier raustragen und
in ein Puppenbettchen legen, sie wegwiegen von
diesem Lärm. Aber ich konnte mich nicht rühren.

Ein wahnsinniger Typ mit nacktem Oberkör-
per und einer lebenden Schlange um den Hals
schmetterte eine Gitarre gegen die Mauer. Durch-
schwitzte lange Haare, der Schweiß tropfte ihm
auf die Brust. Er brüllte; er war das also. Der
Schlangenkopf hob sich steif aus seinem Körper,
jedesmal wenn der Ton seiner Kehle anstieg, um
alles zu übertönen. Auch mein Herzklopfen, meinen stechenden Atem.

Irgend jemand stellte ein paar umgekippte
Stühle wieder auf. Einer legte sich unter ein Fenster schlafen. Ein junges Mädchen mit einem täto-
wierten Totenkopf auf der nackten Schulter fing

an, hingebungsvoll einen kahlköpfigen Kerl abzuknutschen. Er hatte sich gänzlich den Schädel rasiert, sogar die Augenbrauen waren weg. Er packte ihre Brüste und walkte sie durch. Sie legte den Kopf zurück und schloß die Augen. Sisse reichte den Joint einem andern Mädchen weiter.

»Scheiß-Shit«, sagte sie.

Das Mädchen nickte lange und inhalierte tief. Der Wahnsinnige mit der Schlange schleuderte die Gitarre in eine Ecke, sie landete mit einem dumpfen Ton. Der Typ, der sich schlafen gelegt hatte, sammelte sie auf und fing an zu spielen. Übers Griffbrett gebeugt, verdeckten die langen Haare sein Gesicht und die Gitarre.

»Geile Klampfe …«, nuschelte er, »geile Klampfe – gehört die Joe, oder was?«

»Die gehört nicht Joe, verflucht, du impotenter Penner«, brüllte der Rasende mit der Schlange und stapfte gefährlich schnell auf ihn zu.

:09 min

»Scheiß-Shit«, sagte das Mädchen mit dem Joint und drückte ihn auf dem Boden aus. Sisse nickte lange und gedankenverloren. Inzwischen befreite sich der mit der Volltonsur von dem Kuß und johlte zu dem Irren rüber:

»Gib mir Plexus! Steen, verdammt noch mal! Die knallt durch, wennde se nicht losläßt, laß die Schlange los, Mann … O Scheiße, du bist echt krank im Kopp!«

:33 min

Er stürzte quer durchs Zimmer auf Steen zu, der die Arme ausgestreckt hatte, um den Langhaarigen mit der Gitarre zu packen. Steen hielt mitten in der Bewegung inne, zögerte und drehte sich zu der Glatze um, griff die Schlange mit beiden Händen und versuchte sich von ihrem zusammengerollten Körper zu befreien, der sich um seinen Hals wand. Fix zog die Glatze das Tier runter und murmelte dabei eintönig und verblüffend sanft vor sich hin. Mit der Schlange in den Armen huschte er an mir vorbei und durch die Tür, die hinter ihm zuknallte.

Ich stand da wie angepappt und fröstelte in meinen dicken Sachen, kein Mensch hatte mich beachtet, Sisse kreuzte oberflächlich meinen Blick, ihre Augen trafen meine im Bruchteil einer Sekunde und rutschten dann weiter. Sie erkannte mich nicht. Und dann brüllte der wieder, den sie Steen nannten, mit neuer Kraft brüllte er und hob mit gestreckten Armen den Typ mit der Klampfe in die Höhe.

»Du kleiner beschissener Wichser, du hast keinen Furz von dem Ganzen kapiert, ich hau' dir deine ekelhafte Stricherfresse kaputt, daß es wackelt«, kreischte er und klatschte ihn auf den Boden.

Er packte sich die Gitarre und schlug zu. Er schlug und schlug und schlug, das wollte kein Ende nehmen, er prügelte bloß auf den andern ein, der nur noch wie ein verhungerter Hund aussah, der wehrte sich nicht mal mehr, Blut lief in einem Rinnsal aus seinem Kopf auf die steinigen Bohlen. Die Leute zuckten nicht mal mit der Wimper.

Endlich hörte er auf. Der Junge lag bewußtlos am Boden, mit blutverschmiertem Gesicht.

»Werd mal wieder 'n bißchen locker, Mann«, sagte das Totenkopfmädchen und hob eine Tüte Orangensaft auf. »Au Mist, gibt's keinen Saft mehr?« Sie schüttelte die Tüte. »Ihr seid too much, ej ...«

Steen atmete tief ein und wischte sich den Schweiß von der Stirn. Mit lärmenden Schritten in spitzen Stiefeln lief er auf die Tür zu. Ich roch seine Haut und hörte nah an meinem Ohr seinen fliegenden Atem. Ich dachte, ich müsse sterben. Vor Schreck, wie in einem Alptraum, wo man denkt: Jetzt ist alles vorbei ...

Sisse hockte da mit geschlossenen Augen. Ich dachte, sie schlief. Aber dann kam der kleine Skin wieder, die Schlange hing ihm lang und gelb über den Bauch. Er nahm Sisse in den Arm und schüttelte sie.

»Kommst du mit hoch?« fragte er. »Ej, du! Kommst du mit hoch Sterne gucken?«

Sie erhob sich mit Mühe, und ehe ich reagieren konnte, waren sie schon aus der Tür.

»Too much, Mann ...«, machte eine schlaffe Stimme, als ich mich ganz vorsichtig, Gelee in den Knien, auf die klappernde Tür zubewegte. Ich kriegte kaum Luft.

Draußen auf der Straße fing ich sofort an zu heulen. Es war finster geworden. Es kam mir vor, als hätten Wochen vergangen sein können, seit ich dieses Haus betreten hatte, es hätte auch ein anderer Tag sein können oder ein anderer Abend. Aber ich guckte auf meine Digitaluhr, und die zeigte exakt 18.32. Ich war so müde wie noch nie und schleppte mich nach Hause, wo ich gleich ins Bett ging, ohne mich auszuziehen oder Licht anzumachen, ich fiel sofort in einen tiefen und anstrengenden Schlaf.

Seit dem Tag habe ich Sisse nie mehr besucht. Sie hat mich auch nicht besucht. Und es wurde Frühling, wie immer, wir waren mitten im April, bevor ich wieder an meine Schwester erinnert wurde.

Da war sie schon geflogen.

* * *

Zerrissen. Das warn wir wohl allesamt. Egal, wie wir hießen. Aber Creepy sorgte gut für mich. Ich war seine Lieblingspuppe, sagte er, weil ich ihn mit einem Tempo, das gab's gar nicht, in den Sternenhimmel beförderte. Ich hatte alles, manchmal durfte ich Plexus halten, er meinte, wir passen toll zueinander, und ließ sie sich um meinen nackten Körper winden. Sie war ein bißchen kalt, oder eher: Sie war weder kalt noch warm, sondern einfach nichts, komisch. Aber das machte nix. Mir war nicht mehr kalt, mehrmals am Tag holte Creepy eine Tüte aus dem Kästchen, auch in der Nacht.

Außerdem fühlte ich mich geschmeichelt, als er mich fragte, ob ich in dem Film mitmachen wollte. Ich hatte null Angst.

»Exklusive Ware, amerikanische Bestellung, das läßt die Kasse klingeln, wenn du ja sagst.«

»Ja«, sagte ich, »schon okay mit mir.«

Er lächelte und servierte mir eine üppige Reihe.

»Für dich ist nichts gut genug«, meinte er.

Er schenkte mir sein allerschönstes Kreuz, handgemacht, aus schwerem Rohsilber, er meinte, das würde mir Glück bringen bei den Aufnahmen. Kurz drauf flogen wir los. Das Saugen im Magen war total unbeschreiblich wegen dem ganzen Koks.

Es ist unheimlich warm in Kalifornien, was weiß ich noch, warm und trocken, meine Haut war an Licht überhaupt nicht gewöhnt. Plexus war mit, Creepy hatte sie in einem Koffer durchgeschmuggelt. Klar war Plexus mit.

Und dann die Aufnahmen. Oder die Aufnahme, da war ja nur die eine. In der Wüste, Unmengen von Sand und Sonne, Unmengen von Licht und viele Stimmen, Bewegung. Spanisch und englisch redeten die, ich verstand kein Wort. Creepy war stolz auf seine Masken; er hatte zwei gemacht, für die Männer. Wahnwitzige, abartige Monstermasken. Nicht, daß sie mich aufregten. Nicht, daß mich irgendwas aufregte. Ich hatte null Angst, ließ bloß den gelben Sand durch meine Finger rinnen, machte die Augen wegen dem grellen Licht zu und wartete darauf, daß ich dran war. Dran war. Plexus fixierte mich mit ihren Schlangenaugen und ließ die Zunge durch die Stäbe ihrer Kiste spielen.

:36 min

Und dann ging's los. Die Kameras surrten, ich war richtig vollgedröhnt, Creepy hatte mir einen Schuß in den Arm gesetzt und geflüstert, das sei das Beste, das Beste vom Besten. »Du bist drauf, Barbiepuppe, jetzt hebst du gleich ab.« Er lächelte schief. Er küßte mich. Er hatte mich noch nie geküßt.

Die Männer mit den Masken fickten mich abwechselnd, banden meine Hände und Füße zusammen und schlugen mich mit einer Peitsche mit kurzem Griff. Sie schnitten in meine Brüste und rund um meinen Schoß kleine blutige Ritzen ins Fleisch. Ich spürte vor allem den Sand, so 'n Sand gibt ein ganz spezielles Gefühl. Er ist überall und dringt überall ein. Der trockene, staubige Sandgeschmack, es knirschte zwischen den Zähnen, winzige Körner in meinen Augen …

4 min

Und dann. Dann fingen sie an zuzustechen. Ich sah deutlich, wie sie die Messer hoben. Hab' ich geschrien? Glaub' nicht. Ich wußte ja. Und es ging so schnell. So unheimlich schnell. Bis ich abhob, abhob und flog. Über die gelbe Wüste weg und den durchlöcherten, leblosen Körper. Über die Schlange im Käfig, Creepy, der sich über den Körper beugte, die Männer, die sich die Masken abstreiften und sich eine Zigarette anzündeten. Die Flügel wuchsen aus meinem unsichtbaren Rücken, ich spürte mich selbst. Eine leichte, leichte Gestalt, schwerelos und glückserfüllt. Ich war ein Engel geworden, ich, die ich immer davon geträumt hatte zu fliegen. Bald wurde alles ganz hell und phantastisch, und hier bin ich jetzt, so lange, so lange. Ich fliege einfach immer weiter durch die farbigsten, strahlendsten Räume. Es gibt überhaupt kein Hindernis mehr.

»Sie ist tot«, schrie Mutter in den Hörer, und das Wartezimmer war voller Leute.

Ich nahm eine Taxe zum Gammel Køge Lande-vej und strich ihr über das ausgetrocknete, dauer-gewellte Haar. Sie schrie wie ein neugeborenes Kind. Kai machte Kaffee und steckte ihr eine Zi-garette an. Dann holte ich den Notarzt, der ihr ein Beruhigungsmittel gab.

Sie war tot. Sie war tot. Die Polizei hatte es selber gesagt. Als meine Mutter eingenickt war, rief ich sie an, und sie erzählten es mir. Daß sie tot war. Irgendein Typ hatte sie in einem Sarg nach Hause gebracht. Ein Unglück, meinte die Polizei in San Diego, so lautete der Bericht.

»Aber da sind wir noch nicht so sicher«, sagte der Mann am anderen Ende der Leitung. »Wir werden der Sache schon auf den Grund gehen.«

Es war eine sanfte Stimme mit jütländischem Akzent, und ich weinte nicht. Nur mein Körper war ganz steif geworden, und ich war hundemüde.

Sie hatten ihr die Augen zugedrückt, als ich sie identifizieren sollte, dafür war ich ihnen dankbar, ich wollte nicht, daß mich ihre grünen Sternen-augen gierig anstarrten. Sie lachte nicht. Fast an jeder Stelle ihres Körpers waren entsetzliche Schnittwunden, und Sand klebte in ihrem Haar, grobkörniger, gelber Sand, und in ihren Ohren; sie sah eigentlich nicht erschreckt aus oder so, nur ihr Mund hatte einfach nichts mehr zu erzählen.

Es ist Sommer. Ich sitze hinter meinem Empfangstisch, und mein Kittel ist weiß und sauber. Wir haben sie gut unter die Erde gebracht. Meine Mutter hat Valium genommen und dann noch stärkere Mittel. Und Kai ist ausgezogen. Sonst ist nichts Besonderes passiert.

Manchmal gucken wir uns die verblaßten Polaroidfotos von damals an, als Sisse und ich noch klein waren. »Sie war so ein Engel«, sagt meine Mutter, »so ein richtiges kleines Engelchen. Das kann man nicht anders sagen ...«

Es gab einfach nicht genug Süßigkeiten für Sisse auf der Welt. So seh' ich das. Deshalb kann ich hier heute sitzen und meinen kühlen Kittel glattstreichen. Mit gespanntem Kiefer und gemachtem Haar. Ohne die kleinste Träne zu vergießen. Und das, obwohl ich sie wirklich liebgehabt habe, den kleinen Teufel. Aber einsam, das wird man ja so oft.

Lisa Blaushild

Liebesbriefe an meinen Vergewaltiger

Deutsch von Irene Rumler

Tag, Fremder!

Erinnerst Du Dich an mich? Macht nichts, wir sind uns ja auch nie offiziell vorgestellt worden (haha). Ich bin das Mädchen, das Du zusammengeschlagen und dann ohne Erlaubnis auf dem Küchenboden im Apartment 4C, 164 N, Main Street gerammelt hast. Na, klingelt's? Tut mir leid, daß die Wohnung ein solcher Verhau war, aber ich hatte keinen Besuch erwartet. Ich schreibe nur, um hallo zu sagen, und hoffe, Du bist mir nicht böse, okay? Die blauen Flecken und die Striemen sind schon so gut wie weg, die Blutflecken auf meinem Lieblingspulli habe ich mit Natronlauge ganz rausgekriegt, und die paar Stellen im Gesicht, wo Du mir Schnitte verpaßt hast, lassen sich mit Abdeckstift leicht kaschieren. Kein Theater, kein Gezeter. Ist ja nicht so, als wäre ich ein Mannequin und Du hättest mir meine Karriere ruiniert! Wo doch die Statistik beweist, daß mir das früher oder später passieren mußte, bin ich heilfroh, daß es in meinen eigenen vier Wänden passiert ist. Ich meine, wenigstens hast Du mich nicht dazu gezwungen, es auf einem verlassenen Hausdach zu tun (Höhenangst), auf dem Rücksitz eines fahrenden Autos (Übelkeit), im Beisein von Kindern (da hätten wir leise sein müssen), in der Umgebung von Tieren (stinken zu sehr!), in einem billigen Motel (quietschendes Bett, kein Zimmerservice) oder irgendwo draußen im Freien (ich mag im Wald nicht mal ein Picknick machen, geschweige denn so was Unanständiges). Bin Ihnen richtig dankbar für Ihre Rücksichtnahme, werter Herr. Nachdem Du weg warst, habe ich mich gefragt, warum ausgerechnet ich? Aber jetzt denke ich, warum zum Teufel *nicht* ich? So eine Null bin ich auch wieder nicht. Hat mir schon geschmeichelt, daß ich, obwohl ich auf die

0:59 m

Dreißig zugehe, doch noch recht appetitlich wirke. Außerdem hast Du mich ja nicht zerstückelt und die diversen Teile dann zum Andenken in Deine Kühltruhe gestopft oder mich in irgendeinem muffigen Keller angekettet und als Liebessklavin gehalten. Nein, Du hast schnell das durchgezogen, weshalb Du gekommen bist, und warst dann gleich wieder draußen. Ein echter Profi! Und es hat mir auch garantiert nichts ausgemacht, daß Du unangemeldet hereingeschneit bist, ohne vorher anzurufen. (Wenn ich gewußt hätte, daß Du kommst, hätte ich mir die Beine rasiert, im Bad die hübschen bestickten Handtücher aufgehängt und mir was Bequemeres angezogen.) Flotter Herrenbesuch ist für ein allein lebendes Mädchen stets eine willkommene Überraschung. (Da ich nicht im Telefonbuch stehe, wäre es sowieso unmöglich gewesen, vorher anzurufen.

2:10 min Aber selbst wenn Du es geschafft hättest, einen Angestellten von der Telefongesellschaft zu bestechen, um meine Nummer rauszukriegen, wie hättest Du Dich vorstellen können, ohne zu lügen oder wie ein Schwachkopf zu klingen? »Hallo, ich bin ein entflohener Sexualtäter. Wie wär's mit einem Kinobesuch und einem Abendessen?« Ich hätte Dich garantiert für einen Witzbold gehalten, hätte den Hörer auf die Gabel geknallt und Dir nicht mal eine Chance gegeben. Und noch etwas Peinliches muß ich Dir gestehen: Selbst wenn wir uns verabredet hätten, wäre ich schon Tage zuvor ein Nervenbündel gewesen und hätte solchen Schiß davor gehabt, daß ich garantiert kalte Füße gekriegt und im letzten Augenblick abgesagt hätte oder – schlimmer noch – Dich grausamerweise stundenlang an der verabredeten Straßenecke hätte warten lassen. Und Du hättest dann in der Kälte gebibbert und Dich gefragt, wo ich abgeblieben bin. War schon schlau von Dir, einfach so aufzukreuzen.). Für den Fall, daß Du noch immer Probleme hast, mein Gesicht einzuordnen, will ich Dein Gedächtnis mal ein bißchen aufmöbeln: Angeblich hast Du eine Brechstange benutzt, um in das Gebäude einzudringen, dann bist Du mit dem Lift ins oberste Stockwerk gefahren; sobald Du draußen auf dem Dach warst, bist Du heldenhaft auf die Mauer geklettert, die zur Dachrinne führt, und hast Dich dann behende wie eine Katze runtergelassen, bis Du haargenau auf der Feuerleiter vor meinem Apartment gelandet bist. Toll! (Machst Du Konditionstraining? Ich hatte es eigentlich vor, aber als mir klar wurde, wie entsetzlich ich in einem Trikot aussehe, habe ich den Gedanken sofort fallenlassen.) Schätze, Du mußt echt Sehnsucht nach mir gehabt haben, sonst hättest Du keine solchen Mühen auf Dich genommen. Wirklich eine todschicke Geste. Ich meine, seien wir doch mal ehrlich, in unserer heutigen Zeit gibt es nicht mehr viele Verehrer, die es riskieren würden, sich den Hals zu brechen, nur um zu dem Mädchen zu gelangen, das sie verehren, egal, wie scharf sie auf sie sind. Wirklich reizend! Ganz zu schweigen davon, daß Du Dich den langen Weg bis nach Queens herausbemüht hast. Das ist an sich schon eine beeindruckende Leistung. Hast Du die U-Bahn genommen oder ein Taxi? Mein Ex-Freund (Jetzt sei nicht eifersüchtig. Zwischen ihm und mir ist es aus, Ehrenwort.) hat sich immer geweigert, mich zu besuchen, weil ich so weit draußen in der Prärie wohne und ihm das viel zu umständlich war. Und wenn ich ihn wirklich sehen wollte, mußte ich es ihm beweisen und mit dem Bus ein paar hundert Meilen in einen anderen Staat fahren und dann noch die sechs Stockwerke bis zu seinem winzigen Apartment hinaufklettern, meistens um mir in aller Eile sagen zu lassen, daß er an dem

3:38 min

Tag keine Zeit für mich hatte; und damit schickte er mich wieder nach Hause. Da ist Deine Ritterlichkeit wahrhaftig eine erfrischende Abwechslung!

Und wie ist so das Leben im Gefängnis? Hast Du nette neue Freunde gefunden? Stimmt es wirklich, daß der Todestrakt kein Honiglecken ist, oder gelingt es Dir, das Beste aus Deiner hoffnungslosen Situation zu machen, vielleicht mit aufmunternden Reiseplakaten an den Wänden und einer positiven Lebenseinstellung? Du mußt versuchen, jeden Tag mit einem strahlenden Lächeln zu begrüßen und ein optimistisches, lebensbejahendes Lied zu singen. In der High School haben sie mich zur Miss Zuversicht gekürt, und seitdem tue ich mein Bestes, um diesem Titel gerecht zu werden. Wie Du Dir vielleicht vorstellen kannst, ist es eine ständige Herausforderung, ein Musterbeispiel für ungebrochene gute Laune zu sein und auch den schrecklichsten Umständen noch eine positive Seite abzugewinnen. Zum Beispiel kann ich mir ohne weiteres vorstellen, daß einem Mädchen etwas Schlimmeres zustoßen könnte, als daß lediglich jemand unbefugt bei ihr eindringt. Zum Beispiel bei einem heftigen Regenschauer ohne Schirm auf den Bus zu warten, der quer durch die Stadt fährt, oder auf dem Weg zum Supermarkt eine Laufmasche im Strumpf zu entdecken – also so was finde ich wirklich niederschmetternd. Du hast lediglich hingelangt. Eigentlich bin *ich* diejenige, die sich bei *Dir* entschuldigen müßte. Ich war nicht gerade eine sehr zuvorkommende Gastgeberin. Aber weißt Du, bei mir läuft seit Jahren jeder Abend nach demselben vorhersehbaren Schema ab: Sobald ich vom Büro nach Hause komme – ich bin Assistentin des leitenden Angestellten einer großen Firma –, mache ich mir ein leichtes, aber schmackhaftes Abendessen, blättere die neueste Ausgabe von »Self«

durch, und dann geht's früh ab ins Bett. Nicht gerade ein aufregendes Programm, aber diese Regelmäßigkeit hat etwas Beruhigendes. Natürlich war ich, milde ausgedrückt, verblüfft über Dein plötzliches Auftauchen. Kommt schließlich nicht oft vor, daß ein sexy Traummann (So habe ich Dich auch den Jungs auf dem Polizeirevier beschrieben, als eine interessante Mischung aus Robert Mitchum und Ted Bundy. Nicht mal diese Strumpfmaske kann Deine wunderschönen blauen Schlafzimmeraugen und Deinen fabelhaften Schädel verstecken. Beim nächstenmal läßt Du sie aber zu Hause!) unaufgefordert in meiner Küche aufkreuzt, während ich mein Truthahn-TV-Dinner für eine Person in die Mikrowelle schiebe, mich dann von hinten packt und droht, mir die Kehle durchzuschneiden, wenn ich nicht mitspiele. (Vermutlich bin ich im Grunde meines Herzens eine altmodische Romantikerin; mir ist es eben immer noch lieber, wenn ein Kerl den ersten Schritt tut. Das heißt, es gilt zwar heutzutage als absolut akzeptabel, wenn die Frau die Initiative ergreift, aber wenn ich Dich zum Beispiel auf einer Vernissage oder einer Cocktailparty zuerst erspäht hätte, hätte ich nie den Mut gehabt, *Dich* zu fragen, ob Du mit mir ausgehst; und damit hätte ich bedauerlicherweise eine prima Gelegenheit verpaßt, einen Kontakt zu einem anderen menschlichen Wesen zu knüpfen, und hätte mich noch jahrelang in den Hintern gebissen, daß ich den Augenblick habe verstreichen lassen. Klarer Fall, wenn ich die Sache in die Hand genommen hätte, wären wir nicht so schnell vorangekommen!) Darf ich ehrlich sein? Ich will Dir ja nicht vorschreiben, wie Du Deinen Job tun sollst, aber diese Angeberei mit dem Schnappmesser hat mich anfangs angewidert. Jetzt sei nicht gleich beleidigt, das ist nur konstruktive Kritik, klar?

5:29 m

Ich dachte: Mein Gott, wieder die alte Leier, wieder so ein Orang-Utan mit einem Egoproblem, der glaubt, er muß einer Frau mit seiner großkotzigen Machotour und albernen Requisiten imponieren. (Ist es Dir in der High School schwergefallen, Dich mit Mädchen zu verabreden? Ich war auch schüchtern, was das andere Geschlecht betraf. Noch ein Charakterzug, den wir gemeinsam haben.) Aber ich alberne Gans habe überreagiert. Statt Dir unhöflich mein Knie in die Du-weißt-schon-Was zu rammen (Falls Du nicht selbst drauf gekommen bist, ja, ich hatte mein postmenstruelles Syndrom. Bedauerlicherweise hast Du mich an einem der reizbarsten Tage im Monat erwischt. Jetzt weißt Du Bescheid, ich kann der absolute Horror sein. Also nimm Dich in acht!), hätte ich mich anstrengen und Dir ein Glas erfrischende Limonade oder etwas von meinem köstlichen selbstgemachten Puffreis-Krachgebäck anbieten sollen. Lieber Himmel, wo waren bloß meine Manieren? Solch eine gastfreundliche Geste meinerseits hätte sicher dazu beigetragen, das Eis zu brechen, die anfängliche Scheu und Verlegenheit auf beiden Seiten abzubauen und unserem kurzen Rendezvous zu einem sehr viel angenehmeren Start zu verhelfen. Was nützt es mir schließlich, einen Mann im Haus zu haben, wenn ich vor Schreck aus der Haut fahre, sooft er »Buuh« macht? Tatsächlich könnte man angesichts meines wahnsinnigen Bammels annehmen, ich wäre noch nie zuvor mit einem hübschen Kerl allein in einem Raum gewesen. Also, ich kann Dir versichern, daß das garantiert nicht der Fall ist. War ich schon, schon oft, und manchmal sogar im Dunkeln. (Du kannst meinen Exfreund fragen, der wird es Dir bestätigen. Ich gebe Dir seine Telefonnummer.) Dann hast Du mich höflich gebeten, nicht zu schreien, und ich habe mich wie ein verzogener Fratz über Deine Warnung hinweggesetzt und trotzdem wie eine Sirene geheult. (Später haben die Nachbarn pikiert beiseite geschaut und behauptet, sie hätten überhaupt nichts gehört. Hat mir wenig genützt, dieses Theater.) Ist das nicht wieder typisch für ein Weibsbild? Danke, daß Du mich vorsorglich auf einen meiner krassesten Fehler aufmerksam gemacht hast: Ich muß endlich lernen, meine große Klappe zu halten! Niemand mag eine keifende Schreckschraube. Schließlich gibt es noch andere Möglichkeiten, um sein Leben zu betteln, außer zu winseln und sich gleich so widerlich aufzuführen. Eine demütige, leise vorgetragene Bitte wäre viel wirkungsvoller gewesen. Und dann hatte ich auch noch den Nerv, Rühr-mich-nicht-an zu spielen! Eine abgedroschene alte Taktik, da wirst Du mir sicher zustimmen. Sich von Dir loszureißen und wegzulaufen wie ein zimperliches Schulmädchen ist eine miese Art, einen Gast zu behandeln, der keine Mühe gescheut hat, um mich an diesem Abend zu besuchen. (Nimm's nicht persönlich. Ich bin vor meinen Gefühlen davongelaufen, weil ich noch immer schreckliche Angst hatte, Dir zu nahe zu kommen und echte Intimität zu riskieren. Ich brauche eine Weile, um einem Liebhaber voll und ganz zu vertrauen. Bitte habe Geduld mit mir, Süßer.) Wo wir gerade bei schäbigen Manieren sind: Ich habe die Stimmung total verdorben, als ich die Handtasche von der Ablage geschnappt und verzweifelt nach Dir geworfen habe, weil ich Dich für einen ordinären Einbrecher hielt. Wie unsensibel! Warum fällt es mir noch immer so schwer zu glauben, daß sich ein Kerl ehrlich für mich interessiert, ohne Hintergedanken zu haben? Ich habe Dich total falsch eingeschätzt. Sei mal ehrlich, bist Du jemals so gekränkt

8:26

worden? Tatsache ist, wenn Du auf dem Absatz kehrtgemacht hättest und sofort wieder auf die Feuerleiter hinausgeklettert wärst, weil Du Dich verschmäht fühltest und es Dich verletzt hat, daß ich 9:27 min alle Deine Annäherungsversuche zurückgewiesen habe, wenn Du zu der Erkenntnis gelangt wärst, daß Du mehr in die Beziehung investiert, als Du zurückbekommst, und daß sich die ganze Mühsal nicht lohnt, hätte ich Dir nicht den geringsten Vorwurf gemacht. Es war noch früh, Du hättest noch Glück haben, hättest in das Apartment einer anderen, weniger zickigen Frau einbrechen können oder Dich beim nächsten U-Bahn-Ausgang auf die Lauer legen und Dich an eine attraktive Pendlerin auf dem einsamen Heimweg heranpirschen können. Der springende Punkt ist, Du hättest Dir jede Puppe da draußen aussuchen können, warum solltest Du da mein beschissenes Verhalten in Kauf nehmen? Du wärst nicht der erste Mann gewesen, der mir seine Zuneigung bewiesen hat und den ich anschließend vergrault habe. Laß mir nur etwas Zeit, um mich an die Vorstellung von »uns« zu gewöhnen, einverstanden? Bevor Du dahergekommen bist, hatte ich die Hoffnung aufgegeben, daß ein neuer Liebhaber in mein Leben treten würde, weil ich bezweifelt habe, daß mir jemals jener außergewöhnliche Mensch begegnen würde, der meinen ungewöhnlich hohen Maßstäben gerecht wird. Mutter hatte schon recht. Du wirst sehen, hat sie mir in ihrer beruhigenden Art immer prophezeit, du wirst deinem Prinzen begegnen, wenn Du es am allerwenigsten erwartest. Und was hältst Du von folgendem verrückten Zufall: Als ich am selben Tag mittags in der überfüllten 34 min Kantine an meinem Stammplatz in der hintersten Ecke allein und in Ruhe meinen Lunch verspeisen wollte (Sicher bist Du erleichtert, wenn ich Dir sage, daß ich Kalorien zähle, um dieses unansehnliche, vorstehende Bäuchlein loszuwerden, jawohl, damit Du mit mir im Bikini stolz am Strand entlangspazieren kannst!), setzten sich plötzlich ein paar Mädchen zu mir, die in derselben Abteilung arbeiten. Sie hockten sich mit ihren Tabletts hin, umzingelten mich mit ihren kritischen Blicken, machten Bemerkungen über meinen blassen Teint und meine nachlässige Erscheinung, stellten sodann fest, was in meinem Leben fehlt und was genau ich dagegen unternehmen müßte. »Da draußen herrscht ein unbarmherziger Wettbewerb«, erklärte mir eine magersüchtige Stenotypistin. »Die Männerknappheit hat einen kritischen Punkt erreicht, und die Anzahl der Kandidaten schrumpft beunruhigend schnell. Du darfst keinen Augenblick vergeuden. Du mußt schnurstracks in die Welt hinausgehen und dir dort das erstbeste Ding in Hosen schnappen. Du kannst nicht erwarten, daß eines Tages Mr. Richtig auf deiner Türschwelle steht.« Nein, aber wie wäre es mit dem Schlafzimmerfenster? Haha! Und später, nachdem ich aus der U-Bahn aufgetaucht war und eine belebte Kreuzung überquerte, bremste ein älterer Mann seine schwarze Limousine auf Schrittgeschwindigkeit ab und rief mir durchs Fenster zu: »Was Sie brauchen, Lady, ist ein ordentlicher F…!« 11:40 m Tja, was ein Tag doch alles ändern kann. Weißt Du, ich habe noch nie zuvor so lässigen Sex gehabt. (Wenn Du glaubst, ich hätte es Dir schwergemacht, dann frag mal meinen Ex-Freund, wie lange er gebraucht hat, um in mein Höschen zu kommen. Ein ganzes Jahr, um genau zu sein, und auch dann nur, als ich das dickste Flanellnachthemd anhatte, das ich finden konnte, und alle Lichter aus waren.) Mensch, und Du warst erst ein paar Minuten in meinem Apartment, und ohne auch nur guten Tag zu sagen (obwohl ich Dir das nicht vorwerfen will, in Konversation bin ich selber miserabel), hast Du mich unter Deinen hochgestemmten Leib gezwängt, mir das Höschen heruntergerissen, die Schenkel auseinandergebogen und mir kühn Dein Ding reingerammt, ohne Dich mit Höflichkeiten aufzuhalten und vorher zu fragen. Oder vielleicht hast Du sogar gefragt, und ich habe die Frage überhört und nicht mal genügend Anstand besessen, um Dich einer Antwort zu würdigen. Ich bin auf dem linken Ohr so gut wie taub, falls Du also gefragt und dabei links von mir gestanden hast, hätte ich Deine Bitte um eine sexuelle Gunst nicht mal verstanden, wenn Du in ein Megaphon gebrüllt hättest. Vielleicht hast Du ja auch in einer fremden Sprache gefragt, die ich irrtümlich für albernes Geschwätz gehalten habe. Voulez vous baiser, non? Monsieur, voulez vous baiser, non? (Ich habe es einmal ohne Erlaubnis mit einem Mann gemacht. Eines Tages in aller Früh – er lag auf dem Rücken und hat geschnarcht – bin ich an Bord geklettert und habe angefangen, hin und her zu wippen, bis das hilflose Opfer schlagartig aufgewacht ist. Erzähl's aber niemandem!) Jedenfalls hätten wir uns keinen herrlicheren Abend wünschen können. Ich habe mir immer vorgestellt, daß es wunderschön sein müßte, sich auf meiner Terrasse mit Blick auf die Schnellstraße von Long Island zu lieben, während unten die Lichter des Straßennetzes wie die Milchstraße funkeln. Aber Du hast mir eine völlig neue Welt erschlossen. Es war geradezu perfekt auf dem kalten Linoleum, umgeben von meiner Kollektion farblich aufeinander abgestimmter Geschirrtücher und Topfhandschuhe und dem Geruch des Truthahns, der in der Mikrowelle verschmorte. Du hast mir eine völlig neue Welt erschlossen. (Bist Du verheiratet, Single oder was? Sag es mir jetzt,

bevor wir uns weiter miteinander einlassen. Ich gehe
nie mit verheirateten Männern. Irgendwo muß man
als Mädchen die Grenze ziehen.) Und mach Dir
keine Sorgen, daß Du das Vorspiel vernachlässigt
hast. Ich gehöre nicht zu diesen anspruchsvollen
Frauen, die jedesmal, wenn sie Sex haben, dem Mann
eine detaillierte Landkarte ihrer erogenen Zonen
aushändigen und dann wie ein Exerziermeister Be-
fehle plärren. Von meiner Seite wirst Du keinen
Leistungsdruck bekommen. Du bist ein beschäftigter
Mann, ständig auf Achse, und ich bin dankbar, wenn
Du es ab und zu schaffst, mich in Deinen turbulen-
ten Zeitplan zu zwängen. Vielleicht hat ja sogar ein
Taxi unten auf Dich gewartet, das Dich auf schnell-
stem Weg zu einer wichtigen geschäftlichen Bespre-
chung bringen sollte (Typisch mein Pech, wieder ein
Mann, bei dem die Arbeit an erster Stelle steht!
Haha. War nur ein Scherz.) oder zu einem Privatjet
und dann weiter zu einem fernen, exotischen Ziel.
Außerdem, welches Recht habe ich denn, mich über
Dich zu beklagen? Ich bin sicher, Du hast selbst
Grund zu meckern. Ich habe nur dagelegen wie ein
lebloser Sack, zwischen Bewußtsein und Ohnmacht
schwebend, nicht gerade eine sonderlich lebhaft rea-
gierende Partnerin. Andererseits mußt Du mir
sagen, wie Du es gerne möchtest. Ich kann schließlich nicht Gedanken lesen. Aber was soll's, dann war
es eben eine schnelle Nummer. Die meisten Paare
verbringen ein ganzes Leben miteinander und erleben nie das, was wir in nur wenigen kostbaren
Augenblicken erlebt haben. Es heißt immer, das
erste Mal sei nie besonders gut. Beim nächstenmal
lassen wir die Sache hübsch langsam angehen!
    Deine Freundin, das Mädchen aus Apartment 4C
    PS: Riech mal am Umschlag. Er duftet leicht nach
Coco von Chanel.

Anne Sexton
Die zwölf tanzenden Prinzessinnen
The Twelve Dancing Princesses
Deutsch von Silvia Morawetz

The Twelve Dancing Princesses

If you danced from midnight
to six A. M. who would understand?

The runaway boy
who chucks it all
to live on the Boston Common
on speed and saltines,
pissing in the duck pond,
rapping with the street priest,
trading talk like blows,
another missing person,
would understand.

The paralytic's wife
who takes her love to town,
sitting on the bar stool,
downing stingers and peanuts,
singing »That ole Ace down in the hole,«
would understand.

The passengers
from Boston to Paris
watching the movie with dawn
coming up like statues of honey,
having partaken of champagne and steak
while the world turned like a toy globe,
those murderers of the nightgown
would understand.

Die zwölf tanzenden Prinzessinnen

Wenn du tanzen würdest von Mitternacht
bis sechs Uhr in der Früh, wer würde das verstehen?

Der Junge, der ausreißt
und alles hinschmeißt,
um im Boston Common
von Speed und Salzcrackern zu leben,
der in den Ententeich pißt
und den Straßenprediger anschreit,
der Wörter wie Schläge austeilt,
noch ein Vermißter,
er würde das verstehen.

Die Frau des Gelähmten,
die ihre Liebe zu Markte trägt,
auf dem Barhocker sitzt,
Cocktails und Erdnüsse in sich reinschüttet
und »That ole Ace down in the hole« singt,
sie würde das verstehen.

:31 min Die Passagiere
von Boston nach Paris,
die einen Film sehen, während der Tag
wie Statuen aus Honig in die Höhe wächst,
und denen Champagner und Steak serviert worden ist,
während die Welt sich wie ein Spielzeugglobus drehte,
diese Mörder des Nachthemds,
sie würden das verstehen.

The amnesiac
who tunes into a new neighborhood,
having misplaced the past,
having thrown out someone else's
credit cards and monogrammed watch,
would understand.

The drunken poet
(a genius by daylight)
who places long-distance calls
at three A. M. and then lets you sit
holding the phone while he vomits
(he calls it »The Night of the Long Knives«)
getting his kicks out of the death call,
would understand.

The insomniac
listening to his heart
thumping like a June bug,
listening on his transistor
to Long John Nebel arguing from New York,
lying on his bed like a stone table,
would understand.

The night nurse
with her eyes slit like Venetian blinds,
she of the tubes and the plasma,
listening to the heart monitor,
the death cricket bleeping,
she who calls you »we«
and keeps vigil like a ballistic missile,
would understand.

Der Mann, der sein Gedächtnis verlor
und sich auf eine neue Umgebung einstellt,
der die Vergangenheit verlegt,
die Kreditkarten und die gravierte Uhr,
die einem anderen gehörten, weggeworfen hat,
er würde das verstehen.

Der betrunkene Dichter
(bei Tage ein Genie),
der nachts um drei Ferngespräche anmeldet
und dich dann mit dem Hörer in der Hand
warten läßt, während er sich übergibt
(»Die Nacht der langen Messer« nennt er das),
den der Lockruf des Todes elektrisiert,
er würde das verstehen.

Der Schlaflose,
der sein Herz
wie einen Junikäfer hämmern hört,
der in seinem Kofferradio
Long John Nebel aus New York debattieren hört
und auf seinem Bett liegt wie ein Steintisch,
er würde das verstehen.

32 min Die Nachtschwester
mit Augenschlitzen wie Jalousien,
sie von den Schläuchen und dem Plasma,
die dem Herztonmonitor lauscht,
der piepsenden Todesgrille,
sie, die dich mit »wir« anredet
und Wache hält sie wie ein Raketengeschoß,
sie würde das verstehen.

Once
this king had twelve daughters,
each more beautiful than the other.
They slept together, bed by bed
in a kind of girls' dormitory.

At night the king locked and bolted the door.
How could they possibly escape?
Yet each morning their shoes
were danced to pieces.
Each was as worn as an old jockstrap.
The king sent out a proclamation
that anyone who could discover
where the princesses did their dancing
could take his pick of the litter.
However there was a catch.
If he failed, he would pay with his life.
Well, so it goes.

Many princes tried,
each sitting outside the dormitory,
the door ajar so he could observe
what enchantment came over the shoes.
But each time the twelve dancing princesses
gave the snoopy man a Mickey Finn
and so he was beheaded.
Poof! Like a basketball.

Einmal
hatte ein König zwölf Töchter,
eine schöner als die andere.
Sie schliefen gemeinsam, Bett an Bett
in einer Art Mädchenschlafsaal.

Abends verriegelte und verrammelte der König die Tür.
Wie konnten sie da entwischen?
Und trotzdem waren ihre Schuhe
jeden Morgen zertanzt.
Ausnahmslos jeder ausgeleiert wie ein alter Hodenstraps.
Der König ließ verkünden,
daß der, der herausbekäme,
wo die Prinzessinnen tanzten,
sich eine aus der Bande aussuchen dürfte.
Einen Haken hatte die Sache aber.
Gelänge es ihm nicht, bezahlte er mit seinem Leben.
Ja, so ist das eben.

Viele Prinzen versuchten es.
Jeder einzelne saß vor dem Schlafsaal,
die Tür weit offen, damit er beobachten konnte,
was für ein Zauber in die Schuhe fuhr.
Doch jedesmal gaben die zwölf tanzenden Prinzessinnen
dem Schnüffler einen K.o.-Drink,
und so rollte sein Kopf.
Peng! Wie ein Basketball.

It so happened that a poor soldier
heard about these strange goings on
and decided to give it a try.
On his way to the castle
he met an old old woman.
Age, for a change, was of some use.
She wasn't stuffed in a nursing home.
She told him not to drink a drop of wine
and gave him a cloak that would make
him invisible when the right time came.
And thus he sat outside the dorm.
The oldest princess brought him some wine
but he fastened a sponge beneath his chin,
looking the opposite of Andy Gump.

The sponge soaked up the wine,
and thus he stayed awake.
He feigned sleep however
and the princesses sprang out of their beds
and fussed around like a Miss America Contest.
Then the eldest went to her bed
and knocked upon it and it sank into the earth.
They descended down the opening
one after the other. The crafty soldier
put on his invisible cloak and followed.
Yikes, said the youngest daughter,
something just stepped on my dress.
But the oldest thought it just a nail.

Es begab sich, daß ein armer Soldat
von diesen seltsamen Begebenheiten hörte
und sich dachte, ich probier's.
Auf dem Weg zum Schloß
traf er eine alte Frau.
Ausnahmsweise war das Alter mal zu etwas nütze.
Man hatte sie nicht in ein Pflegeheim gesteckt.
Sie riet ihm, nicht einen Tropfen Wein zu trinken
und gab ihm einen Mantel, der ihn
zur rechten Zeit unsichtbar machen würde.
So saß er vor dem Schlafsaal.
Die älteste Prinzessin brachte ihm Wein,
doch er band sich einen Schwamm unters Kinn
und sah aus wie das Gegenteil von Andy Gump.

5:12 min Der Schwamm saugte den Wein auf,
und er blieb wach.
Er stellte sich jedoch schlafend,
und die Prinzessinnen sprangen aus ihren Betten
und wirbelten umher wie eine Miss-Amerika-Wahl.
Dann trat die Älteste vor ihr Bett
und klopfte daran, und es sank in die Erde.
Eine nach der andern stiegen sie
durch die Öffnung hinab. Der gewitzte Soldat
zog den unsichtbaren Mantel an und ging ihnen nach.
Autsch, sagte die jüngste Tochter,
mir ist was aufs Kleid getreten.
Doch die Älteste meinte, das sei nur ein Nagel.

Next stood an avenue of trees,
each leaf made of sterling silver.
The soldier took a leaf for proof.
The youngest heard the branch break
and said, Oof! Who goes there?
But the oldest said, Those are
the royal trumpets playing triumphantly.
The next trees were made of diamonds.
He took one that flickered like Tinkerbell
and the youngest said: Wait up! He is here!
But the oldest said: Trumpets, my dear.

Next they came to a lake where lay
twelve boats with twelve enchanted princes
waiting to row them to the underground castle.
The soldier sat in the youngest's boat
and the boat was as heavy as if an icebox
had been added but the prince did not suspect.

Dann stand da ein Gang aus Bäumen,
jedes einzelne Blatt aus Sterlingsilber gemacht.
Der Soldat riß ein Blatt als Beweisstück ab.
Die Jüngste hörte den Ast knacken
und sagte: Huch! Wer geht da?
Doch die Älteste sagte: Das sind
die Trompeten des Königs, die triumphierend erschallen.
Die nächsten Bäume waren aus Diamanten gemacht.
Er nahm einen, der wie Tinkerbell funkelte,
und die Jüngste sagte: Haltet ein. Er ist da.
Doch die Älteste sprach: Trompetentrara.

6:37 min Als nächstes kamen sie an einen See, auf dem
lagen zwölf Boote mit zwölf verzauberten Prinzen,
die darauf warteten, sie zu dem unterirdischen Schloß zu rudern.
Der Soldat saß bei der Jüngsten im Boot,
und das Boot war so schwer, als habe man einen Eisschrank
mit eingeladen, doch der Prinz schöpfte keinen Verdacht.

Next came the ball where the shoes did duty.
The princesses danced like taxi girls at Roseland
as if those tickets would run right out.
They were painted in kisses with their secret hair
and though the soldier drank from their cups
they drank down their youth with nary a thought.
Cruets of champagne and cups full of rubies.
They danced until morning and the sun came up
naked and angry and so they returned
by the same strange route. The soldier
went forward through the dormitory and into
his waiting chair to feign his druggy sleep.
That morning the soldier, his eyes fiery
like blood in a wound, his purpose brutal
as if facing a battle, hurried with his answer
as if to the Sphinx. The shoes! The shoes!
The soldier told. He brought forth
the silver leaf, the diamond the size of a plum.

He had won. The dancing shoes would dance
no more. The princesses were torn from
their night life like a baby from its pacifier.
Because he was old he picked the eldest.
At the wedding the princesses averted their eyes
and sagged like old sweatshirts.
Now the runaways would run no more and never
again would their hair be tangled into diamonds,
never again their shoes worn down to a laugh,
never the bed falling down into purgatory
to let them climb in after
with their Lucifer kicking.

Als nächstes folgte der Ball, wo die Schuhe zum Einsatz kamen.
Die Prinzessinnen tanzten wie die Taxigirls im Roseland,
als gingen die Billetts gerade aus,
Mit ihrem verborgenen Haar wurden sie mit Küssen überhäuft,
und obwohl der Soldat aus ihren Bechern nippte,
tranken sie ihre Jugend gedankenlos hinunter.
Champagnerkelche und Becher voller Rubine.
Sie tanzten bis zum Morgen, bis die Sonne
nackt und zornig aufging, dann kehrten sie
auf dem gleichen seltsamen Weg zurück. Der Soldat
ging als erster durch den Schlafsaal, setzte sich
in den Aufpassersessel und tat, als schliefe er wie tot.
Mit feurigem Blick, wie Blut in einer Wunde,
Grausames im Sinn, so als zöge er in eine Schlacht,
eilte der Soldat an jenem Morgen mit der Antwort
wie zu einer Sphinx. Die Schuhe! Die Schuhe!
Der Soldat berichtete. Das silberne Blatt,
den pflaumengroßen Diamanten wies er vor.

8:13 min Er hatte gewonnen. Aus war's mit dem Tanzen
der Schuhe. Den Prinzessinnen wurde das Nachtleben
entzogen wie einem Säugling der Schnuller.
Weil er alt war, nahm er die Älteste.
Bei der Hochzeit wandten die Prinzessinnen ihre Augen ab
und hingen durch wie alte Sweatshirts.
Aus war's nun mit dem Ausreißen,
und nie mehr würden die Schuhe bis zur Lächerlichkeit zertanzt sein,
nie mehr würde das Bett ins Fegefeuer sinken,
damit sie ihm hinterhersteigen konnten
mit ihrem Luzifer im Bauch.

Anhang

Naja Marie Aid ist in Dänemark geboren, in Kopenhagen aufgewachsen und hat längere Zeit auf Grönland gelebt. Sie leitete zunächst eine Musikagentur und widmete sich ab 1990 dem Schreiben von Gedichten. 1991 und 1992 veröffentlichte sie je einen Lyrikband, die in Dänemark sehr positiv aufgenommen wurden. 1993 brachte sie ihren ersten Prosaband »Das Wasserzeichen« heraus. Naja Marie Aid erhielt zahlreiche Auszeichnungen für ihre Arbeit, unter anderem den Produktionspreis des Dänischen Kunstfonds und den Gyldendals Buchlegat 1993. Sie lebt und arbeitet in Kopenhagen.

Djuna Barnes Weltreisende, Journalistin und »legendärer Mittelpunkt« der bedeutendsten Boheme-Zirkel ihrer Zeit, war eine rastlose Pendlerin zwischen der Alten und der Neuen Welt. Das flirrende Klima der intellektuellen Kreise von Berlin, Paris, London und New York ist die Quelle ihrer literarischen Auseinandersetzung.

Lisa Blaushild Wohnt in New York.

Marieluise Fleißer geboren 1901 und gestorben 1974 in Ingolstadt, wird heute mit ihren Dramen und ihrer Prosa zwischen Brecht und Horváth gestellt. Sie studierte 1919 bei Arthur Kutscher in München Theaterwissenschaften, kam dort in fördernden Kontakt mit Lion Feuchtwanger und gehörte schließlich zu der literarischen Gruppe, die Brecht 1925 in Berlin um sich versammelte. Während der Nazidiktatur erhielt sie Schreibverbot. Marieluise Fleißer lebte seit 1932 wieder in Ingolstadt. Walter Benjamin schrieb über ihre Novellen: »Diese Frau bereichert unsere Literatur um das seltene Schauspiel ganz unverborhten provinzialen Stolzes. Sie hat einfach die Überzeugung, daß man in der Provinz Erfahrungen macht, die es mit dem großen Leben der Metropolen aufnehmen können, ja sie hält diese Erfahrungen für wichtig genug, um ihre Person und ihre Autorenschaft daran zu bilden ...«

Mascha Kaléko Die Lyrikerin wurde als Tochter eines russischen Vaters und einer österreichischen Mutter 1912 in Polen geboren. Nach Schul- und Studienjahren in Berlin wurde sie 1930 von Monty Jacobs, einem der Pioniere des deutschen Feuilletons, für die »Vossische Zeitung« entdeckt. Hier und im »Berliner Tageblatt« erschienen jahrelang ihre Gedichte, die sie rasch zu einer literarischen Berühmtheit der alten Reichshauptstadt und über ihre Grenzen hinaus bekanntmachten. Hermann Hesse, Thomas Mann oder Alfred Polgar rühmten die Verse der jungen Großstadtdichterin, die Erich Kästners wachen Sarkasmus besaß, die ihren Charme einer eigentümlichen Mischung von Melancholie und Witz, Aktualität und Musik, romantischer Ironie und politischer Schärfe verdankten. Seit 1938 lebte die Dichterin als amerikanische Staatsbürgerin in New York mit ihrem Gatten, dem Dirigenten und Komponisten Chemjo Vinaver, und ihrem Sohn Steven. Mascha Kaléko starb am 21. Januar 1975 in Zürich.

Marie Luise Kaschnitz wurde am 31.1.1901 in Karlsruhe geboren und starb am 10.10.1974 in Rom. Sie gehört zu den hervorragenden Erzählerinnen unserer Zeit. In dem Band »Liebesgeschichten« beweist sie, daß sie nicht zufällig eine Mitwisserin der Liebe ist. Wer die Liebe erprobt hat, darf von ihr reden. Ihm wird die Liebe auffallen, nicht nur in eigener Sache; nicht nur die Liebe, auch der Mangel daran. Marie Luise Kaschnitz hat aufmerksam gelebt. Ja sie gehörte zu den Alleraufmerksamsten, in Ihren jungen und späten Jahren.

Else Lasker-Schüler wurde 1869 in Eberfeld als Enkelin des Oberrabbiners von Nordrhein-Westfalen geboren. Ihre ersten Gedichte erschienen 1899. 1932 wurde sie mit dem Kleist-Preis ausgezeichnet. Sie lebte unstet, zutiefst ruhe- und heimatlos in Berlin. 1933 mußte sie emigrieren; sie starb 1945 in der Verlassenheit ihres Jerusalemer Exils und liegt am Ölberg begraben.

Clarice Lispector 1925 bis 1977, in der Ukraine geboren, kam mit zwei Jahren nach Brasilien. Die Neunzehnjährige debütierte 1944 mit dem Roman »Perto do coração« (Nahe dem wilden Herzen), der von der Kritik höchste Anerkennung erhielt, aber ein verlegerisches Fiasko war. Clarice Lispector, die »Virginia Woolf Brasiliens«, veröffentlichte sieben Romane und fünf Bände mit Erzählungen. »Was macht Freiheit, das ›Geheimnis Freiheit‹ aus? Wie kann der Graben zwischen Wörtern und Gefühlen überbrückt werden? Wie können wir besitzen, ohne Besitz zu werden? Wie geht man mit der Einsamkeit um, und was sind die Grenzen von Liebe-Geben und Liebe-Nehmen?« So fragen ihre Geschichten.

Milena Moser lebt in Zürich, ist verheiratet und hat zwei Söhne. Sie hat sich mit ihren ersten vier Büchern (»Die Putzfraueninsel«, »Das Schlampenbuch« u. a.) vom Geheimtip der schweizerischen Szene zur europäischen Erfolgsautorin gewandelt.

Dorothy Parker Theater- und Literaturkritikerin und politische Korrespondentin im Spanischen Bürgerkrieg, stellt in den Mittelpunkt ihres Prosawerkes die kritische Betrachtung der Verhältnisse zwischen den Geschlechtern und der trügerischen Fundamente (ehelicher) Beziehungen. Ihr sarkastischer Witz ist auch Thema von Alan Rudolphs Film »Mrs. Parker and the Round Table«.

Anne Sexton Sie lebte in Newton/Massachusetts das klassische Klischee der Mittelschichts-Hausfrau der 50er Jahre, bis sie im Alter von 28 Jahren nach einem psychotischen Schub auf Anraten ihres Therapeuten Lyrik zu schreiben begann. Im Verlauf der nächsten 15 Jahre wurde sie zu einer der prominentesten Vertreterinnen der »confessional poets«. Sie erhielt bedeutende Auszeichnungen, darunter den Pulitzer-Preis. Am 4. Oktober 1974 setzte sie ihrem Leben des Glanzes, aber auch der Verzweiflung ein Ende.

Die Mitwirkenden

Hannelore Elsner zählt zu den bedeutendsten deutschen Schauspielerinnen. Ihre Darstellung und Interpretation prägt seit vielen Jahren unzählige Fernsehproduktionen. In der von ihr verkörperten Figur »Die Kommissarin« der gleichnamigen Fernsehserie hat sie große Beliebtheit bei einem Millionenpublikum erlangt. Gemeinsam mit Iris Berben spielte sie in dem TV-Film »Andrea und Marie«. Hannelore Elsners unvergleichbare Stimme ist aber auch in vielen Hörproduktionen und Lesungen zu hören.

Hanna Schygulla, geboren in Kattowitz und Tochter eines Holzhändlers, kam 1945 mit ihrer Mutter nach München. Während ihrer Studienzeit nahm sie Schauspielunterricht und lernte Rainer Werner Fassbinder kennen. Spielte sie anfangs in den 60er Jahren in dessen Theaterinszenierungen, entwickelte sie sich in den 70er Jahren zu einer der wichtigsten Protagonistinnen vieler Fassbinder-Filme. Internationalen Ruhm erlangte sie mit »Der Ehe der Maria Braun« und »Lili Marleen«. Seitdem hat sie in vielen internationalen Filmproduktionen mit bedeutenden Regisseuren zusammengearbeitet. 1997 veröffentlichte Hanna Schygulla ihre erste CD mit Chansons, die sie in Konzerten in ganz Europas vorgestellt hat. Heute lebt Hanna Schygulla in Paris.

Susanne Lothar hatte ihr erstes Theaterengagement am Thalia Theater in Hamburg. Nach Arbeiten am Burgtheater in Wien wurde sie von Peter Zadek an das Deutsche Schauspielhaus in Hamburg geholt. Für ihre herausragende Darstellung der »Lulu« des gleichnamigen Theaterstückes wurde sie zur Schauspielerin des Jahres gewählt. Neben den großen Theatererfolgen, u. a. auch bei den Salzburger Festspielen, ist Susanne Lothar eine gefragte Filmdarstellerin. »Funny Games«, »Frauen morden leichter« oder »Blutige Scheidung« sind einige ihrer Film- und TV-Arbeiten.

Die Musiker und Verleger

Suzanne Coppens – Cello. Geboren 1967 in den Niederlanden. Spielte zunächst Klavier und Geige, bevor sie das Cello als »ihr Instrument« entdeckte, das sie anschließend am Konservatorium in Groningen studierte. Suzanne Coppens erforscht die technischen und musikalischen Möglichkeiten des Cellos in experimenteller Musik, manchmal auch in Verbindung mit Tanz, Film oder Literatur. Zur Zeit lebt sie nördlich von Groningen und versucht als Mutter von zwei Kindern so viel Musik wie möglich zu spielen.

Dirk-Achim Dhonau – Percussion. Geboren 1960 in Duisburg. Studierte klassisches Schlagzeug und Jazz an der Hochschule für Musik und Theater in Hamburg. Neben verschiedensten Auftritten mit Dieter Glawischnig, Anthony Braxton, Fred Frith u. a. spielte er in der NDR-Bigband und im Hamburg Jazzorchestra. Zur Zeit ist er Mitglied in den Bands »MD Jazz« und »DAD Group«. Gemeinsam mit der Gruppe »Testreihe« hat er das Musiktheater-Projekt »Mann ist jetzt Frau« – Brecht im Bahnhof – für die Stadt Magdeburg realisiert.

Piet Hoeksma – Gitarren. Geboren 1958 in den Niederlanden. Studierte Gitarre am am Konservatorium in Groningen, wo er anschließend als Dozent tätig war. Spielte in zahlreichen niederländischen Gruppen experimentellen Jazz und realisierte Multimediaprojekte Er lebt nördlich von Groningen und arbeitet als Gitarrist und Komponist, in letzter Zeit überwiegend mit seinem Computer an »minimal-techno-jazz-dance music«.

Vlatko Kucan – Klarinettist, Saxophonist und Komponist. Geboren 1963 in Sarajevo. Bereits während seines Musikstudiums in Hamburg hat er mit führenden Musikern des zeitgenössischen Jazz zusammengearbeitet, u.a. mit Derek Baily, Carla Bley, Anthony Braxton, Marion Brown und Tomasz Stanko. Er hat bei Theaterarbeiten von Robert Wilson und Tom Waits als auch von Lester Bowie und Giora Feidmann mitgewirkt. Vlatko Kucan beschäftige sich seit einigen Jahren mit der Verbindung von Wort und Musik, u.a. mit dem Ensemble Lesart, mit dem er die CD »Zarathustra« (voices editionen – Philosophie und Musik) eingespielt hat. Er schrieb für diverse Filme und Ensembles Kompositionen und lebt und arbeitet in Hamburg.

Rajesh Mehta - Trompeten, Hybridtrompete. Geboren 1963 in Kalkutta, aufgewachsen in den USA. Studium am MIT in Boston und am Mills College (Oakland/California). Zusammenarbeit u.a. mit Anthony Braxton, Alvin Curran, Jim Meneses, Tristan Honsinger, Phil Wachsmann, Steve Noble, Paul Lytton, Paul Lovens. Rajesh Mehta spielt Trompete, Baßtrompete und die selbstentwickelte Hybridtrompete. Er lebt z. Zt. in Amsterdam, wo in diesem Jahr sein Tanztheater-Projekt »Monsoon« uraufgeführt wurde.

Mirko Schädel ist 1967 in Friesland geboren. Gelernter Setzer, Verleger und Graphiker. Hat neben diesem Buch viele andere gestaltet und gesetzt. Auch hier durfte er sich wieder betätigen.

Axel Stiehler ist 1968 in Friesland geboren. Gelernter Drucker. Studiert zur Zeit Graphikdesign an der Fachhochschule in Bremen. Er ist auch als Verleger der Achilla Presse tätig. Hat neben vielen anderen auch dieses Buch gedruckt und die Gestaltung und das Konzept des Schubers erarbeitet.

Wolfgang Stockmann, geboren 1961, ist Regisseur und lebt in Hamburg. Er studierte Germanistik und Hispanistik in München und Spanien. Nach einer dreijährigen Regieassistenzzeit am Staatstheater Stuttgart machte er dort seine Debut-Inszenierung. Weitere Inszenierungen folgten in Stuttgart, Tübingen, Münster und Hamburg. An der Internationalen Kulturfabrik Kampnagel in Hamburg war er als Projektleiter und Regisseur für zwei Jahre engagiert. Zusammen mit Vlatko Kucan und Georg Gess hat er 1996 seine erste Hörproduktion, »Eros - erotische Episoden der Weltliteratur« (Konzept und Regie: Wolfgang Stockmann/Georg Gess) realisiert.

Peter Niklas Wilson - Baß. 1957 in Hamburg geboren. Studierte Musikwissenschaften in Hamburg. Obwohl er relativ spät den Kontrabaß zu seinem Hauptinstrument erkor, spielte Peter N. Wilson schon bald mit zahlreichen führenden Musikern des zeitgenössischen Jazz, u.a. mit Derek Bailey, Marion Brown, Fred Frith, Vinko Globokar und John Tchicai. CD-Produktionen spielte er mit Anthony Braxton, Hannes Wienert und dem Trio »Yarbles« ein. Er lebt in Hamburg, wo er auch als Musikjournalist und Hochschuldozent tätig ist.